Reclams Städteführer Wien

Reclams Städteführer · Architektur und Kunst

Wien

Von Hildegard Kretschmer

Durchgesehen und aktualisiert
von Maximilian Hartmuth

Reclam

4., durchgesehene und aktualisierte Auflage

RECLAMS UNIVERSAL-BIBLIOTHEK Nr. 14632
2010, 2019, 2024 Philipp Reclam jun. GmbH & Co. KG,
Siemensstraße 32, 71254 Ditzingen
Umschlagabbildung: Die Karlskirche sowie im Vordergrund die Bronzeplastik *Hill Arches* von Henry Moore (© shutterstock.com/mRGB)
Klappe hinten: Stadtbahnpavillon von Otto Wagner (Wikimedia Commons / Greymouser); der personifizierte *Glaube* besiegt die *Pest* (Pestsäule am Graben; © mauritius images / Hasan Doganturk / Alamy)
Druck und Bindung: Esser printSolutions GmbH,
Untere Sonnenstraße 5, 84030 Ergolding
Printed in Germany 2024
RECLAM, UNIVERSAL-BIBLIOTHEK und
RECLAMS UNIVERSAL-BIBLIOTHEK sind eingetragene Marken der Philipp Reclam jun. GmbH & Co. KG, Stuttgart
ISBN 978-3-15-014632-3
www.reclam.de

Inhalt

Anhang

Das Obere Belvedere

Vienna gloriosa

Die ehem. Kaiserstadt im Herzen Europas, kunstgeschichtlich wohl die bedeutendste Großstadt im dt. Sprachraum, ist altes Siedlungsgebiet. Ihr Name geht auf die keltische Bezeichnung Vedunia für den Wienfluss zurück. Als das Gebiet von den Römern erobert wurde, entstand hier im 1. Jh. n. Chr. das Militärlager Vindobona, unter dessen Schutz sich bald eine Zivilstadt entwickelte. Auch nach den Germanen- und Hunnenanstürmen, unter deren Druck die Römer das Gebiet aufgaben, blieb eine Fluchtburg mit restlichen Siedlungskernen bestehen, in die Langobarden und später Awaren eindrangen.

Von Karl dem Großen erobert, wurde der Wiener Raum von Salzburg aus missioniert. Die Patronate der Kirchen St. Ruprecht und St. Peter gehen darauf zurück. Wien wurde dem Bistum Passau unterstellt. 976 erhielten die Babenberger das östliche Reichsgebiet zu ihrem Lehen, doch erst Herzog Heinrich II. Jasomirgott erkor die Stadt 1156 zur Residenz. Sie blühte auf, wurde Handelszentrum und einer der kulturellen Mittelpunkte des Reichs. Der Hof förderte Minnesang (Reinmar von Hagenau, Walther von der Vogelweide, Neidhart von Reuenthal) und bedeutende Bauten, denen die frz. Hofkunst der Zeit zum Vorbild diente, während die Bürgerschaft selbst noch romanisch baute.

Mit dem Lösegeld aus der Gefangennahme des engl. Königs Richard Löwenherz bei dessen Rückkehr vom Kreuzzug 1192 wurde die Stadt erweitert und mit einem Mauerring geschützt. Nach einem kurzen böhmischen Zwischenspiel unter König Ottokar II. Przemysl übernahmen 1278 nach der Schlacht bei Dürnkrut die Habsburger die Herrschaft in Österreich, gegen die sich die Wiener Bürgerschaft nach Beschneidung ihrer Rechte in mehreren erfolglosen Aufständen wehrte. Eine neue Blüte brachte das 14. Jahrhundert. Im Jahr

1365 stiftete Herzog Rudolf IV. die Universität. Als baukünstlerische Leistung dieser Zeit sind die Langchöre und Hallenkirchen mit ihrem neuen Raumgefühl und kühnen Gewölbefigurationen zu nennen (St. Stephan, Maria am Gestade). Auch die Bildhauerei erlangte in der Hochgotik eine führende Stellung (St. Stephan, Minoritenkirche). Das 15. Jahrhundert sah neben habsburgischen Erbstreitigkeiten, die auch in Kämpfen ausgetragen wurden, einen wirtschaftlichen Niedergang der Stadt. 1421 kam es zu einer grausamen Judenverfolgung und -vertreibung, der Wiener Geserah. Als Herzog Friedrich V. 1452 zum Kaiser Friedrich III. gewählt wurde, begann der Wandel der immer noch vom bürgerlichen Patriziat dominierten Stadt zur abhängigen Kaiserresidenz. Kaiser Maximilian I. verlegte allerdings nach einer kurzen ungar. Besatzungszeit und der Rückeroberung der Stadt seine Residenz nach Innsbruck. Dennoch waren das späte 15. und beginnende 16. Jahrhundert mit einer humanistisch geprägten Kultur, mit Enea Silvio Piccolomini als kaiserlichem Kanzleisekretär, Conrad Celtis als Universitätslehrer, dem Aufblühen des Buchwesens und Meisterleistungen auf dem Gebiet der Künste eine kulturelle Blüte. Nicolaus Gerhaert van Leyden war als Bildhauer tätig, Dombaumeister waren u. a. Hans Puchsbaum, Laurenz Spenning und Anton Pilgram. Es entstanden bedeutende Flügelaltäre (Albrechtsaltar, heute im Stift Klosterneuburg; Schottenaltar, heute im Museum im Schottenstift). St. Stephan erhielt durch die Bürgerschaft seinen hohen Turm. 1498 gründete der Organist Paul Hofhaimer die Kaiserliche Hofkapelle und legte damit den Grundstein zu Wiens Weltruhm als Musikstadt. Das 16. Jahrhundert sah aber auch die erste Belagerung der Stadt durch die Osmanen 1529 und die begeisterte Aufnahme der Reformation. Ab 1531 – Wien war ab 1533 wieder kaiserliche Residenz – baute man eine sternförmige Befestigungsanlage mit Glacis nach modernstem ital.

Vorbild. Reste dieser Renaissancebefestigung sind mit der Braunbastei und der Dominikanerbastei erhalten geblieben.

Zur Befestigung des Glaubens holte man 1551 die Jesuiten in die Stadt. Doch erst unter Rudolf II., der die kaiserliche Residenz 1583 nach Prag verlegte, wurde die Rekatholisierung massiv betrieben. Zahlreiche weitere Ordensberufungen folgten (sog. Klosteroffensive) und Wien wurde zum habsburgisch-katholischen Bollwerk. Nach der Schlacht am Weißen Berg (1620), dem Sieg der katholischen Liga über den protestantischen böhmischen Adel und der Übernahme von dessen Besitzungen durch die österr. Aristokratie kam es in Wien zu einem frühbarocken Bauboom, der v. a. von den ital. Architekten- und Künstlerfamilien Carlone, Canevale, d'Allio, Galli-Bibiena, Martinelli und Tencalla getragen wurde. In den Innenräumen herrschte der schwere Stuckbarock mit kleinen Bildfeldern vor. Unter den auch selbst komponierenden Kaisern Ferdinand II. und Leopold I. wurde Wien zum Zentrum für Musik und Oper. Doch 1679 raffte die Pest ein Drittel der Bevölkerung dahin – der Kaiser gelobte die Dreifaltigkeitssäule auf dem Graben. 1683 standen die Osmanen neuerlich vor den Toren der Stadt. Herzog Karl von Lothringen und dem poln. König Jan Sobieski gelang die Befreiung. Nachdem Prinz Eugen die Osmanen aus Ungarn zurückgedrängt hatte, erlebte Wien den Höhepunkt seiner politischen und kulturellen Bedeutung. Prachtvolle Palastbauten im Zentrum und ein Kranz von Gartenschlössern an der Peripherie verwandelten die Stadt und ihre Umgebung nach den vorangegangenen Zerstörungen. Der Adel war dabei anders als in Frankreich fortschrittlicher, innovativer und imponiersüchtiger als der traditionsverbundene und weniger finanzkräftige Hof. Unter den bürgerlichen Bauten stellen u. a. die Sonnenfelsgasse, die Bäckerstraße und die Schönlaterngasse ein noch immer beachtenswertes Ensemble dar. Zum Schutz der Vorstädte wurde ab

1704 der Linienwall errichtet. So bedeutende Künstler wie der ital. Jesuitenpater Andrea Pozzo oder die mittlerweile einheimischen Architekten Johann Bernhard Fischer von Erlach und Johann Lucas von Hildebrandt prägen mit ihren sakralen und profanen Prachtbauten das Bild der Stadt bis heute. Bildhauer wie Johann Jakob Pock, Lorenzo Mattielli, Georg Raphael Donner, Balthasar Moll und Franz Xaver Messerschmidt und Maler wie Martino Altomonte, Johann Michael Rottmayr, Daniel Gran, Paul Troger, Franz Anton Maulbertsch u. a. gaben das Ihre dazu. Einflüsse des ital. Barock verbanden sich mit der frz. Klassik und führten zu einem eigenständig österr. Stil. Bilder breiteten sich über Wände und Decken aus. Wien war wahrhaft Vienna gloriosa, wie 1700 P. Ignatius Reiffenstuel SJ seine Schrift betitelte.

Unter Kaiserin Maria Theresia, die die Schlösser des Prinzen Eugen erwarb, setzte eine Abkehr vom Barock ein. Anstelle aufwendiger Neubauten wurden bestehende Schlösser umgebaut und im Rokokostil eingerichtet. In der Architektur vollzog sich eine Hinwendung zu klassischeren Formen. Der Nachfolger Kaiser Joseph II. schaffte nach den ersten Reformen seiner Mutter Leibeigenschaft, Folter und Todesstrafe, zahlreiche Adelsprivilegien und die kontemplativen Klöster ab. Er gewährte freie Religionsausübung, öffnete der Bevölkerung Gärten und Kunstsammlungen und gründete das Erste Wiener Allgemeine Krankenhaus. Die Wissenschaft blühte. Architekturgeschichtlich sind seine Vorliebe für Formen der Revolutionsarchitektur (Isidor Canevale) und eine frühe Regotisierung bestehender Kirchen (Johann Ferdinand Hetzendorf von Hohenberg) bemerkenswert. Die klassizistischen Bauten der Zeit sind durch flache Oberflächengestaltung, kubische Baukörper und einen zarten, eleganten Dekor gekennzeichnet.

Nach der Französischen Revolution und den napoleonischen Wirren – Napoleon besetzte Wien 1805 und 1809 – wurde die

Stadt während des Wiener Kongresses zur Bühne für die »Neuordnung« Europas, einer weitgehenden Restaurierung alter Machtverhältnisse. Die Zeit des Vormärz, des Biedermeier, war nicht nur eine Zeit häuslicher Kultur sondern auch der Unterdrückung mühsam eroberter Bürgerrechte und großer Umwälzungen durch die einsetzende Industrialisierung. Die Jahre vor und nach der Jahrhundertwende waren aber auch die Zeit der Wiener Klassik und Romantik, in der Musik mit Joseph Haydn, Wolfgang Amadeus Mozart, Ludwig van Beethoven und Franz Schubert, in der Literatur mit Ferdinand Raimund, Johann Nestroy und Franz Grillparzer, und in der Kunst mit den Nazarenern. Unter Kaiser Franz I. blieb das Formengut des Klassizismus vorherrschend, da diesem die Neugotik als zu national galt. Die bedeutendsten Werke schufen Louis Montoyer und Joseph Kornhäusel. Nach den Nazarenern, die die Erneuerung der religiösen Malerei erstrebten, seien als Maler der Biedermeierzeit Ferdinand Georg Waldmüller und Peter Fendi erwähnt, als Bildhauer Johann Martin Fischer und Josef Klieber.

1848 kam es zur Revolution. Der Staatskanzler Clemens Wenzel Fürst von Metternich musste fliehen, und Kaiser Ferdinand I. dankte zugunsten des erst 18-jährigen Franz Joseph ab, doch die kaiserlichen Truppen blieben die Sieger. In Wien wurde ein Ring von Kasernen zur inneren Verteidigung errichtet. Franz Joseph huldigte dem Neoabsolutismus, erlangte aber dennoch große Popularität beim Volk. Nach einer ersten Welle der Industrialisierung und der Eingemeindung der Vorstädte 1850 wandelte sich Wien zur Großstadt. Die Befestigungsanlagen wurden abgetragen, die Ringstraße in den Formen des Historismus angelegt, wobei in Wien besonders die an Italien orientierte Neorenaissance dominierte, und die Donau wurde reguliert. Die aufwendigen Repräsentationsbauten mit prunkvoll inszenierten Stiegenhäusern und Zimmerfolgen sollten Finanzkraft, Geschmack und Bildung und somit gesellschaftli-

Aquarell von Jakob von Alt, 1847: der Stephansdom und die Wiener Innenstadt

ches Ansehen des aufsteigenden Großbürgertums veranschaulichen. Bis heute verleihen sie der Stadt ihren imperialen Zuschnitt. Zu den wichtigsten Malern der Zeit gehörten Hans Makart und Anselm Feuerbach, zu den Bildhauern Anton Dominik Fernkorn und Caspar von Zumbusch. Als Baumeister sind die dem Romantischen Historismus zugerechneten August Sicard von Sicardsburg und Eduard van der Nüll, der klassischere Theophil von Hansen, der in seiner Dekorliebe eher neobarocke Carl von Hasenauer und der Späthistorist Ludwig Baumann zu nennen. Theater, Villa, Hotel und Bahnhof wurden zu den wichtigsten Bauaufgaben. 1892 wurden auch die Vororte im Westen und Süden eingemeindet.

Kulturell brachte das Fin de Siècle einen weiteren Höhepunkt Wiens. Träger war v. a. das liberale Großbürgertum. Zu den damals hier tätigen Komponisten gehörten u. a. Johannes Brahms, Anton Bruckner, Johann Strauß, Franz von Suppé, Gustav Mahler und die Wiener Schule der Moderne mit Arnold Schönberg, Alban Berg und Anton Webern. Genauso berühmt ist die Wiener Literaturszene mit Peter Altenberg, Hermann Bahr, Hugo von Hofmannsthal, Karl Kraus, Robert Musil, Arthur Schnitzler und Franz Werfel, um nur einige zu nennen. Die Zweite Wiener Medizinische Schule leistete international Bahnbrechendes. Sigmund Freud begründete die Psychoanalyse. In der Architektur kam es durch den Einfluss von Charles Rennie Mackintosh zu einer Formklärung und Reduktion des Jugendstils. Josef Hoffmann, Kolo Moser, die Wiener Werkstätte und Secessionskünstler wie Gustav Klimt erlangten Weltruhm. Außerdem entstanden in Wien einige der Initialbauten der Moderne wie das Postsparkassenamt von Otto Wagner oder das Haus am Michaelerplatz von Adolf Loos.

In der schwierigen Zeit nach dem Ersten Weltkrieg und dem Untergang der Donaumonarchie entwickelte das sozialdemokratisch geführte »Rote Wien« ein umfangreiches Programm

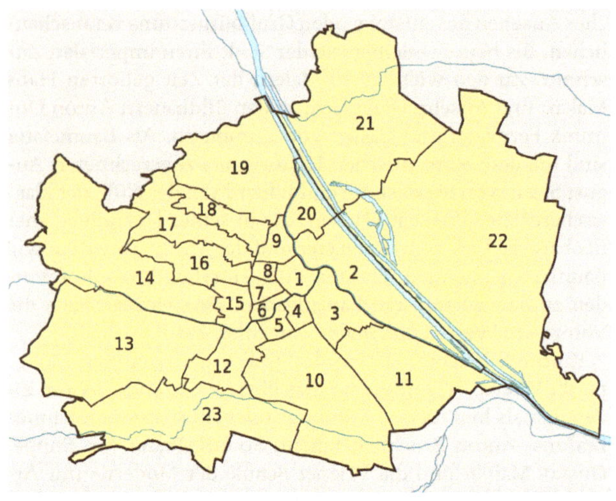

Die Wiener Bezirke

1. Innere Stadt	9. Alsergrund	17. Hernals
2. Leopoldstadt	10. Favoriten	18. Währing
3. Landstraße	11. Simmering	19. Döbling
4. Wieden	12. Meidling	20. Brigittenau
5. Margareten	13. Hietzing	21. Floridsdorf
6. Mariahilf	14. Penzing	22. Donaustadt
7. Neubau	15. Fünfhaus	23. Liesing
8. Josefstadt	16. Ottakring	

gegen die katastrophalen Lebensumstände und Wohnverhältnisse des Proletariats und wurde so mit seinen großen Wohnhöfen zum wichtigsten Wegbereiter des sozialen Wohnungsbaus. Am Ende des Zweiten Weltkriegs war auch Wien schwer beschädigt. Der umfangreiche Wiederaufbau der Stadt erfolgte zunächst mit der Abrissbirne und bis in die 1950er und 1960er Jahre hinein durch Totalsanierungen. Bei vielen erhaltenen Häusern entfernte man den Fassadenstuck. Die Neubauten dieser Zeit fallen mit wenigen Ausnahmen eher nüchtern aus. Eine neue Wirtschaftsblüte und damit eine regelrechte Bauhektik brachte der Wegfall des Eisernen Vorhangs 1989.

Wien zählt heute knapp über 2 Millionen Einwohner. Unter der Architektur der letzten Jahrzehnte machen neben beachtenswerten Bauten aber auch in ihren Proportionen nicht angepasste Dachausbauten und überdimensionierte Bauvolumen dem historischen Stadtbild zu schaffen. Durch Beanstandung von mehreren äußerst problematischen Bauten und Bauprojekten im Bereich der Innenstadt steht Wien seit 2017 auf der Roten Liste des gefährdeten UNESCO-Weltkulturerbes.

Die Wiener Bezirke – zum Aufbau dieses Reiseführers

Der Band ist nach topographischen Gesichtspunkten gegliedert. Objekte, bei denen nicht auf eine Karte verwiesen wird, sind in der Übersichtskarte in der hinteren Umschlagklappe zu finden bzw. dort mit Pfeil angedeutet. Der Innenstadt wurde naturgemäß großer Raum gegeben (S. 26 ff.). Anschließend folgen wir dem Ringstraßenbereich, der die Innenstadt einfasst (S. 109 ff.). In weiteren drei Kapiteln geht es vom Zentrum ausgehend in die unterschiedlichen Himmelsrichtungen (Süden und Osten: S. 128 ff.; Westen: S. 158 ff.; Norden: S. 179 ff.):

Zu diesem Bereich der außerhalb der Ringstraße angeordneten Bezirke gehört römisches Siedlungsgebiet genauso wie mittelalterliche Ansiedlungen und z. T. erst nach der zweiten osmanischen Belagerung entstandene Vorstädte. Vom Denkmälerbestand finden sich hier fast nur Bauten aus der Zeit nach der osmanischen Belagerung von 1683. Im Gebiet des 3. Bezirks (Landstraße) befand sich einst die römische Zivilstadt (im Osten des Castrums). Ihr Zentrum wird im Bereich der ehem. Rennwegkaserne vermutet. Im Mittelalter entstanden um Kloster- und Spitalanlagen außerhalb der Stadtmauern neue Siedlungskerne. Die heutige Mariahilfer Straße war eine mittelalterliche Fernverkehrsstraße. Die nach dem Alserbach benannte Vorstadt vor dem Schottentor liegt an der alten römischen Limesstraße. Der Bezirk Neubau bewahrt im Areal Spittelberg einen bemerkenswerten barocken Baubestand. Die nach Kaiser Joseph I. benannte Josefstadt weist noch viele klassizistische und biedermeierliche Häuser und Straßenzüge auf.

Nach den Verwüstungen durch die zweite osmanische Belagerung wurden die zwischen Weinbergen und ausgedehnten Feldern liegenden Vorstädte durch den Linienwall geschützt (ab 1704 auf Betreiben Prinz Eugens angelegt); heute ist er durch den Straßenring des Gürtels ersetzt (1873–93 errichtet). Außerdem entstanden im 17. und 18. Jh. außerhalb der Stadtmauern die kaiserliche Sommerresidenz Favorita, zahlreiche adelige Sommerpaläste und bürgerliche Landsitze, oft mit großen Parkanlagen, die jedoch meist späteren Stadterweiterungen zum Opfer fielen. Nach dem Generalbaulinienplan von 1866 wurden in den zur Innenstadt gelegenen Bereichen zahlreiche großbürgerliche Zinshäuser neu gebaut. In den gürtelnahen Bereichen entstanden nach dem Ersten Weltkrieg die neuen Arbeiterwohnblöcke, die dem Gürtel die Bezeichnung »Ringstraße des Proletariats« einbrachten. In der Leopoldstadt (zwischen Donau und Donaukanal) erstreckte sich an der Taborstraße, der wichtigsten Ausfallstraße nach Norden, ab 1625 das Wiener Ghetto. Nach einem schweren Pogrom wurden die Juden 1669 aus Wien vertrieben und das Gebiet v. a. von Handwerkern besiedelt. Als den Juden im 18. Jh. die Rückkehr erlaubt war, siedelten sich die meisten wieder in der Leopoldstadt an. Den größten Zuzug brachte jedoch die jüdische Zuwanderung im 19. Jh., so dass die Leopoldstadt bis zur nationalsozialistischen Herrschaft ein jüdisch geprägter Bezirk wurde. Mittlerweile gibt es hier wieder einen Anteil an jüdischer Bevölkerung.

Die außerhalb des Gürtels gelegenen Bezirke entstanden aus Siedlungen vor dem Linienwall, die 1890–1910 eingemeindet wurden. Diese Randbezirke bewahren neben Schlössern und Landsitzen (z. B. Schönbrunn) oft noch die alten Ortskerne, geprägt sind sie jedoch durch Architektur des späten 19. und 20. Jh.s – Villen, Zinshausblöcke, große Wohnsiedlungen und Industriebauten. So finden sich darunter Arbeiter- und Industriebezirke wie Favoriten, Simmering und Floridsdorf, Wohnbezirke wie Meidling, noble Villenbezirke wie Hietzing, Währing und Döbling, alte, noch nicht ganz verschwundene Weindörfer wie Grinzing, Nussdorf und Heiligenstadt und die von der internationalen Moderne und Hochhäusern geprägte Donaustadt.

Stadtgeschichte in Daten

5. Jh. v. Chr.	Wienfluss von den keltischen Boiern Vedunia genannt
15 v. Chr.	Beginn der römischen Invasion in Noricum und Pannonien
1. Jh. n. Chr.	römisches Legionslager Vindobona
170–180	germanische Markomannen zerstören Vindobona, Wiederaufbau durch Marc Aurel
213	Zivilstadt Vindobona erhält unter Kaiser Caracalla das Stadtrecht
5. Jh.	Ende der Römerherrschaft durch Hunnen und Ostgoten
7. Jh.	Awaren fallen ein
796	Karl der Große besiegt die Awaren, Salzburger Missionierung des Ostens
881	erstmals »ad Uueniam« in den Salzburger Annalen
10. Jh.	Magyareneinfall
976	Babenberger werden Markgrafen des Ostlandes, Residenz in Klosterneuburg
um 1135	Stadtherrschaft geht an Babenberger
1137	Mauterner Vertrag
1156	Österreich wird Herzogtum unter Heinrich II. Jasomirgott, Wien Residenzstadt
1192	Gefangennahme von König Richard Löwenherz, mit dem Lösegeld Bau der Stadtmauer
1221	Stadtrecht
1246	Aussterben der Babenberger mit Herzog Friedrich II.
1251–78	Böhmenkönig Ottokar II. Przemysl wird Landesfürst

1278	Österreich fällt nach der Schlacht auf dem Marchfeld an die Habsburger
1282	Kaiser Rudolf I. belehnt seine Söhne mit Österreich und Steiermark
1288 und 1308	Aufstand der Wiener Bürgerschaft gegen die Habsburger
1365	Gründung der Universität
1421	Wiener Geserah (Judenpogrom)
1438	Residenzstadt des Kaisers
1469	Bischofssitz
1485–90	König Matthias I. Corvinus von Ungarn besetzt Wien
1526	Habsburgische Erbfolge in Ungarn und Böhmen
1529	erste Belagerung durch die Osmanen
1531–66	neue Stadtbefestigung
1551	Jesuiten werden berufen
1571	Kaiser Maximilian II. gewährt freie Religionsausübung
1577	Verbot des Protestantismus
1583–1612	Kaiser Rudolf II. verlegt Residenz nach Prag
1605	Ungarneinfall
1612	Rückkehr des Kaiserhofs unter Matthias
1624	Leopoldstadt als jüdisches Ghetto
1679	Pestepidemie
1683	zweite Belagerung durch die Osmanen
1685	erstes Wiener Kaffeehaus durch den Armenier Johannes Diodato eröffnet
1704	Baubeginn Linienwall
1722	Erzbistum
1754	erste Volkszählung: 175 403 Einwohner (Wien und Vorstädte)
1781/82	Toleranzpatente unter Kaiser Joseph II.

	(freie Religionsausübung auch für Nichtkatholiken)
1784	Gründung des Allgemeinen Krankenhauses
1804	Kaiserreich Österreich
1805 und 1809	Napoleon besetzt Wien
1806	Ende des Hl. Römischen Reichs
1814/15	Wiener Kongress
1848	Märzrevolution
1848–1916	Kaiser Franz Joseph
1850	Eingemeindung der Vorstädte
1858–64	Schleifung der Befestigungsanlagen
1869	Beginn der Donauregulierung, 1894–1908 Regulierung Donaukanal
1873	Weltausstellung in Wien, erster Börsenkrach nach Aufhebung des Spekulationsverbots
1890–1910	Eingemeindung der Vororte
1910	2 000 000 Einwohner
1914	Attentat auf den Thronfolger Franz Ferdinand in Sarajevo, Ausbruch des Ersten Weltkriegs
1918	Thronverzicht von Kaiser Karl I., Ende der Donaumonarchie, Erste Republik
1919–34	Rotes Wien
1922	Bundeshauptstadt Wien wird eigenes Bundesland
1934	Bürgerkrieg, Ermordung von Bundeskanzler Dollfuß
1938	Einmarsch Hitlers
1945	schwere Luftangriffe, Befreiung der Stadt durch die Rote Armee
1955	Ende der zehnjährigen Besatzung, österr. Staatsvertrag
1956	Wien Sitz der internationalen Atomenergiebehörde

1961	Gipfeltreffen Kennedy – Chruschtschow in Wien
1979	UNO-City eröffnet
1989/90	Fall des Eisernen Vorhangs
1995	Beitritt Österreichs zur EU
1996	UNESCO-Weltkulturerbe Schloss Schönbrunn
2001	UNESCO-Weltkulturerbe Wiener Innenstadt
2003	Gründung der Europaregion Centrope
2007	Beschluss zur Errichtung des Seestadt Aspern bis 2028, eines der größten Stadtentwicklungsprojekte Europas
2008	Fußball-Europameisterschaft in Österreich und Schweiz
2013	Eröffnung des Campus WU
2014	Eröffnung des neuen Hauptbahnhofs und Beginn der Besiedlung des Neubaugebiets Seestadt Aspern
2014/15	Umbau der Mariahilfer Straße zur Fußgängerzone
2015	Eurovision Song Contest
2017	Wiener Innenstadt auf die Rote Liste des gefährdeten UNESCO-Weltkulturerbes gesetzt
2018	österr. EU-Ratspräsidentschaft, Spatenstich für die Errichtung der U-Bahn-Linie 5
2020	Die Pandemie legt Tourismus und öffentliches Leben lahm.
2023	Stadttourismus wieder auf Vor-Pandemie-Niveau

Kulturkalender

Januar

1. Januar: Neujahrskonzert der Wiener Philharmoniker
2.–3. Woche: Resonanzen – Festival für alte Musik im Konzerthaus

Februar/März

Donnerstag vor dem Faschingswochenende: Opernball

März/April

Vienna Blues Spring; Ostermärkte, u. a. auf der Freyung (Schottenstift) und vor Schloss Schönbrunn; Osterkunstmarkt im Schloss-Neugebäude; Kalvarienbergfest in Hernals
Sonntag vor Ostern: Prozession vom Stephansdom zur Pestsäule am Graben mit Palmweihe

Mai/Juni

Donauinselfest, größtes europ. Musikfestival unter freiem Himmel
Fronleichnam: Prozession mit dem Allerheiligsten vom Stephansdom durch die Innere Stadt
Mitte Mai – Mitte Juni: Wiener Festwochen

Juni/Juli

Jazz Fest Wien

Juli/August

ImPulsTanz – Vienna International Dance Festival

September/Oktober

Musikfilmfestival im Rathaus; Waves Vienna Festival (Popmusik)
Mitte September: WienWoche – Festival für Kunst und Aktivismus
Ende September / Anfang Oktober: Vienna Design Week
Oktober: Viennale, Filmfestival; Wien Modern, Festival zeitgenössischer Musik
26. Oktober: österr. Nationalfeiertag

November/Dezember

KlezMore Festival; ViennaJazzFloor Festival; Voice Mania Festival
3. Novemberwoche: Schubertiade
4. Woche November – 3. Woche Dezember: Mozart-Festival
Advent: Weihnachtsmärkte, u. a. vor dem Rathaus
31. Dezember: Silvester, v. a. auf dem Stephansplatz, Beginn des neuen Jahres mit Läuten der Pummerin, Donauwalzer, Kaiserball in der Hofburg, Silvesteraufführung der *Fledermaus* in Staatsoper und Volksoper, Silvesterkonzert im Konzerthaus und im Musikvereinssaal

Rundgang durch die Wiener Innenstadt

St. Stephan (S. 26), Graben (S. 36), **Peterskirche** (S. 38), Kohlmarkt (S. 41), **Looshaus** am Michaelerplatz (S. 46), **Hofburg** (S. 46), Hofbibliothek (S. 54), Augustinerkirche (S. 55), **Albertina** (S. 59, 191), Neuer Markt (S. 62), **Kapuzinergruft** (S. 60), Kärntnerstraße (S. 63), **Winterpalais** (S. 66), **Jesuitenkirche** (S. 73), ehem. **Postsparkassenamt** (S. 79), Hoher Markt (S. 83), Judenplatz (S. 89), **Maria am Gestade** (S. 87), Am Hof (S. 90), Freyung (S. 93), Herrengasse (S. 99 ff.), Minoritenkirche (S. 102), **Ringstraße** (S. 109 ff.), Karlsplatz mit **Karlskirche** (S. 111) und **Stadtbahnpavillons** (S. 115), Schloss Belvedere (S. 144).

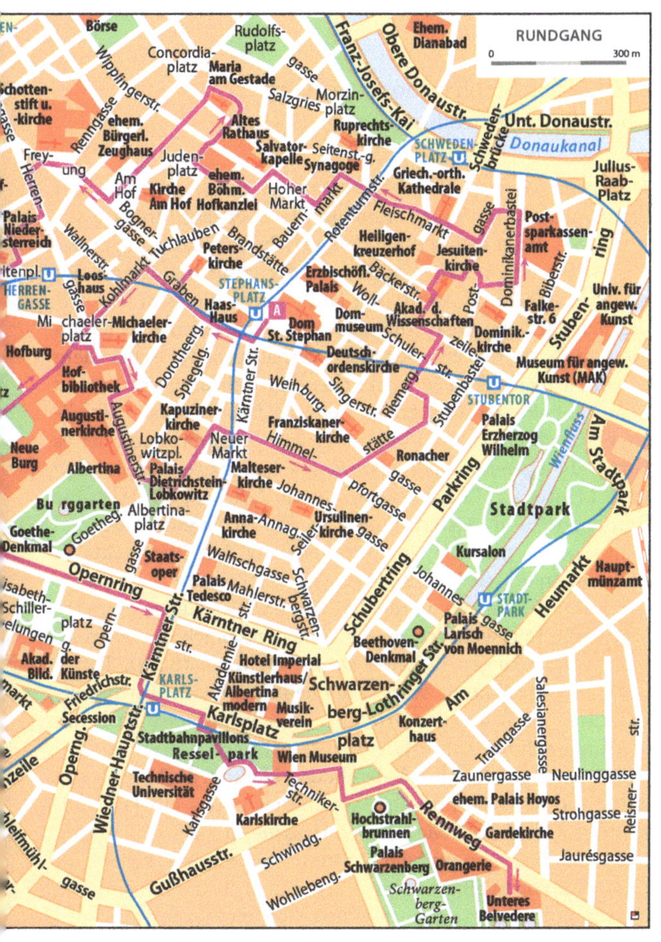
RUNDGANG
0
300 m
Börse
Rudolfs-platz
Concordia-platz
Maria am Gestade
Schotten-stift u. -kirche
Wipplingerstr.
Renngasse
ehem. Bürgerl. Zeughaus
Altes Rathaus
Salzgries
Morzin-platz
Ruprechts-kirche
Franz-Josefs-Kai
Obere Donaustr.
Ehem. Dianabad
Unt. Donaustr.
Donaukanal
Schwedenbrücke
SCHWEDEN-PLATZ
Griech.-orth. Kathedrale
Julius-Raab-Platz
Freyung
Herrengasse
Am Hof
Kirche Am Hof
Judenplatz
ehem. Böhm. Hofkanzlei
Salvator-kapelle
Synagoge
Seitenst.-g.
Hoher Markt
Rotenturmstr.
Fleischmarkt
Palais Niederösterreich
Bognergasse
Tuchlauben
Brandstätte
Bauernmarkt
Heiligen-kreuzerhof
Jesuiten-kirche
Postgasse
Dominikanerbastei
Post-sparkassen-amt
ring
Peters-kirche
Wallnerstr.
Kohlmarkt
Graben
Loos-haus
HERREN-GASSE
STEPHANS-PLATZ
Erzbischöfl. Palais
Bäckerstr.
Wollzeile
Akad. d. Wissenschaften
Biberstr.
Falke-str. 6
Stuben-
Univ. für angew. Kunst
Michaeler-platz
Michaeler-kirche
Haas-Haus
Dom St. Stephan
Dom-museum
Schulerstr.
Dominik.-kirche
Hofburg
Hof-bibliothek
Dorotheerg.
Spiegelg.
Kärntner Str.
Deutsch-ordenskirche
Museum für angew. Kunst (MAK)
STUBENTOR
Stubenbastei
Augusti-nerkirche
Augustinerstr.
Kapuziner-kirche
Weihburg-
Singerstr.
Riemergasse
Palais Erzherzog Wilhelm
Am Stadtpark
Wienfluss
Neue Burg
Lobko-witzpl.
Neuer Markt
Franziskaner-kirche
Himmelpfortgasse
Ronacher
Albertina
Palais Dietrichstein-Lobkowitz
Malteser-kirche
Johannesgasse
Parkring
Stadtpark
Burggarten
Albertina-platz
Anna-kirche
Annag.
Ursulinen-kirche
Seilerstätte
Goethe-Denkmal
Goetheg.
Staats-oper
Walfischgasse
Kursalon
Haupt-münzamt
Opernring
Palais Tedesco
Mahlerstr.
Schwarzenbergstr.
Schubertring
Johannesgasse
STADT-PARK
Heumarkt
Schillerplatz
Opern-g.
Kärntner Ring
Palais Larisch von Moennich
Beethoven-Denkmal
Akad. der Bild. Künste
Hotel Imperial
Künstlerhaus/ Albertina modern
Schwarzenberg-platz
Lothringer Str.
Salesianergasse
Friedrichstr.
KARLS-PLATZ
Akademiestr.
Secession
Karlsplatz
Musik-verein
Am Heumarkt
Konzert-haus
Operng.
Wiedner Hauptstr.
Stadtbahnpavillons
Ressel-park
Wien Museum
Traungasse
Technische Universität
Karlsgasse
Technikerstr.
Zaunergasse
Neulinggasse
ehem. Palais Hoyos
Strohgasse
Karlskirche
Hochstrahl-brunnen
Rennweg
Gardekirche
Reisnerstr.
Jaurésgasse
Schwindg.
Palais Schwarzenberg
Orangerie
Gußhausstr.
Wohllebeng.
Schwarzen-berg-Garten
Unteres Belvedere
Schleifmühlgasse

Innenstadt

Zwischen Stephansdom, Hofburg und Kärntnerstraße

♦ **Dom und Metropolitanpfarrkirche St. Stephan** (I C4): Der Stephansdom, in dessen Innerem die über Jahrhunderte gewachsene Ausstattung ohne neugotische Purifizierung erhalten blieb, entstand einst außerhalb der ursprünglichen Stadt als Pfarrkirche. Ende der 1130er Jahre wurde mit dem Bau vermutlich auf dem Areal einer älteren Passauischen Kapelle begonnen. Nach Klärung der Machtverhältnisse zwischen dem Bistum Passau, dem Wien kirchenpolitisch unterstand, und dem Babenberger Markgrafen Leopold IV., zu dessen weltlicher Grundherrschaft Wien seit etwa 1130 gehörte und der es gerne als eigenständiges Bistum gesehen hätte, kam es 1137 zum Mauterner Tauschvertrag, durch den Leopold IV. seine Befugnisse und Besitzverhältnisse in der Stadt ausdehnen konnte, doch nicht zu einem Bischofssitz. Die Pfarrrechte an St. Stephan erhielt Passau. Eine erste Weihe wird für 1144 angenommen. Um 1170 wurde der Bau um Westtürme und eine Westempore erweitert. Der Bautypus entsprach in vielem jenem des damaligen Passauer Doms. Dem westlichen Turmpaar sollen die Untergeschosse der heutigen Heidentürme entsprechen. Ab etwa 1220 erfolgte – möglicherweise auch mit Stiftungen durch Kaiser Friedrich II. während dessen Auseinandersetzungen mit dem Babenberger Herzog, die Wien kurzzeitig die Reichsunmittelbarkeit einbrachten – ein fast vollständiger Neubau. Teile der Westfassade mit dem Riesentor, den Heidentürmen und der Westempore gehören dieser Bauphase an. Die Weihe erfolgte nach einem zwischenzeitlichen Stadtbrand 1263. Formal orientierte sich der Bau v. a. am Bamberger Dom und an den damals modernsten Formen der normannischen und frz. Baukunst.

Unter den Habsburgern, die wie schon die Babenberger ein eigenständiges Bistum Wien anstrebten, wurde die Kirche nach 1304 durch den Neubau des einer Bischofskirche würdigen sog. Albertinischen Chors (1340 geweiht) vergrößert. Nach dem Vorbild des Zisterzienserklosters Stift Heiligenkreuz und des Regensburger Doms erhielt St. Stephan einen dreischiffigen Hallenchor. Klare Raumformen lassen den Zisterziensereinfluss spüren, die kubischen Pfeilersockel und Arkaden weisen Einflüsse der österr. Bettelordensgotik auf, die gestaffelten Chorschlüsse dürften auf Anregungen vom Regensburger Dom zurückzuführen sein. St. Stephan diente nun der repräsentativen Selbstdarstellung der Habsburger. So stifteten 1359 Herzog Rudolf IV. und seine Gemahlin Katharina, die Tochter Kaiser Karls IV., wohl mit Blick auf Prag und den dort neu begonnenen Veitsdom, ein neues Langhaus zwischen dem neuen Chor und der zu diesem Zeitpunkt wohl bereits erweiterten Westanlage. Der Neubau in Chorbreite wurde als Ummantelung des bestehenden Langhauses hochgezogen. Die alte Herrscherempore im Westen wurde in einen Kapitelsaal für die 1365 ebenfalls vom Herzog gegründete Propstei mit Kollegiatsstift umgewandelt – eine erste Rangerhöhung von St. Stephan auf dem Weg zur Bischofskirche. Links und rechts schlossen sich zwei doppelgeschossige Kapellen, im Typus von der Sainte Chapelle in Paris abhängig, als Fürstenoratorien an. Die südliche untere ist Eligius geweiht, in ihrer Bauzier ähnlich der Wenzelskapelle in Prag; sie wurde wohl noch unter Herzog Rudolf IV. fertiggestellt; darüber: die Bartholomäus- oder Herzogskapelle (um 1380). Im Nordwesten befindet sich unten die Moranduskapelle (heute Kreuzkapelle) und oben die Valentinskapelle (heute Reliquienkammer). Am Langhaus wurden das Singer- und das Bischofstor eingefügt. Die Patronatsrechte gingen damals von Passau auf die Habsburger über. St. Stephan war nun auch einer Hofkirche, einer »capella regia Austriaca« angemessen. V. a. Rudolf, der freilich durch seinen frühen Tod 1365 die Ausführung seiner Pläne bis vermutlich auf die Eligiuskapelle nicht erleben durfte, trug durch reiche Stiftungen und eine umfangreiche Vermehrung des Reliquienschatzes zur Verschönerung und Bedeutungssteigerung bei. Ungewöhnlich und vielleicht ebenfalls mit Blick auf den Veitsdom in Prag war der Plan, am Übergang von Chor und Langhaus anstelle eines Querhauses jeweils einen mächtigen Turm zu errichten. Der Verzicht auf ein Querhaus ist bei dt. Hallenkirchen des 15. Jh.s durchaus typisch. Außergewöhnlich war der hohe Turm im Süden, dessen Grundstein 1359 gelegt wurde. Zusammen mit den Heidentürmen im Westen zeigte die nun viertürmig geplante Anlage kaiserlichen Anspruch.

Nach der Machteinbuße der Habsburger gegen Ende des 14. Jh.s wurde jedoch die Bürgerschaft mit ihren Stiftungen zur treibenden Kraft am Bau. Das alte romanische Langhaus wurde 1426 abgebrochen. Der strenge Hallenplan für das Langhaus wurde zu einer Staffelhalle umgeändert (Mittelschiffhöhe 28 m, Seitenschiffhöhe 22 m). Das daraus hervorgehende imposante Satteldach mit seinem 36 m hohen Dachstuhl – ehemals aus Lärchenholz, nach dem Zweiten Weltkrieg durch eine Stahlkonstruktion ersetzt – und seiner 70°-Neigung wurde bis 1440 vollendet, die Einwölbung erfolgte ab 1446. Um die Schwere des gewaltigen Dachzeltes optisch etwas zu mindern, befinden sich außen über der Traufe eine Reihe von Wimperggiebeln, die auch dazu beitragen, die Südflanke des Doms zur eigentlichen Schauseite zu machen. Der Langhausbau dürfte vor 1467 fertig gewesen sein. Als Baumeister sind Heinricus Kumpf von Hessen und Christoph Hotz von Dinkelsbühl namentlich bekannt. Der schon unter Rudolf geplante südliche Turm wurde in veränderter Form und höher als ursprünglich vorgesehen als Symbol des neuen Selbstbewusstseins der Bürgerschaft bis 1433 ausgeführt. Vermutlich stammten die ursprünglichen Pläne von Meister Konrad oder Meister Michael (früher als Michael Chnab bezeichnet), die veränderten Pläne mit ihrer größeren Höhe und stärkeren Ähnlichkeit zum Prager Veitsdom dürften auf Wenzel Parler zurückgehen, der 1396–1404 in Wien tätig war. Auf ihn folgten Peter und Hans von Prachatitz. Die Bauarbeiten am anfänglich vielleicht sogar aufgegebenen, aber um 1450 doch begonnenen Nordturm nach Plänen von Hans Puchsbaum und in strengeren Formen als beim südlichen Pendant wurden 1511 in geringer Höhe wieder eingestellt. So erhebt sich heute der einzelne Südturm (**»Steffl«**), das Wahrzeichen Wiens, zu einer Höhe von 137 m. Er gilt als der dritthöchste gotische Kirchenturm überhaupt und formal als einer der einheitlichsten und schönsten. Seine verschliffenen Formen mit Überschneidungen von Fialen, Stab-, Maßwerk- und Wimpergformen lassen ihn wie natürlich gewachsen und dynamisch nach oben strebend erscheinen. Um 1860 musste die obere Turmhälfte abgetragen und unter Friedrich von Schmidt erneuert werden. Unter dem Turm befinden sich die Vorhalle und die Katharinenkapelle. Das 17. Jh. brachte die Barockisierung der Innenausstattung mit sich. Maria Theresia ließ 1755 die Herzogsgruft vergrößern und neu gestalten. 1945 erlitt der Dom schwerste Kriegszerstörungen.

Die gotische **Westfassade** mit großem Mittelfenster integriert die romanische Trichteranlage des Riesentores und die unteren Geschosse der Heidentürme. In den Zonen darüber, an den Flanken und am Chor ist der Dom von gotischem Formengut und reicher Bauplastik (z. T. 19. Jh.) bestimmt. Von besonderer Bedeutung ist neben den Stifterfiguren, *Herzog Rudolf IV.* und *Katharina von Böhmen-Luxemburg*, außen an den Fürstenkapellen der Skulpturenschmuck der insgesamt fünf mittelalterlichen Portalanlagen. Das **Riesentor**, bis ins 18. Jh. Prozessionen und dem Landesherrn vorbehalten, zeigt Apostelbüsten und im Tympanon *Christus in der Mandorla*. Für die Bürgerschaft bestimmt waren die beiden Seitenportale des Langhauses, die sog. Fürstenportale (1359–65). Das nördliche **Bischofstor** zeigt hinter der Vorhalle von 1515/20 im Gewände den sog. Kolomanistein mit Reliquien, seitlich die *Verkündigung an Maria*, das Stifterpaar, *Herzog Rudolf IV.* und *Katharina von Böhmen-Luxemburg*, weibliche Heilige und im Tympanon *Tod und Krönung Mariens*. Die kunsthistorisch bedeutenden Stifterfiguren stellen möglicherweise erstmals einen regierenden Fürsten in einer Reihe von Heiligen dar. Auch das südliche **Singertor** besitzt eine Hans Puchsbaum zugeschriebene Vorhalle (um 1450). Neben den Baldachinfiguren *Mose* und *Christus Salvator* bewahrt auch dieses Darstellungen des Stifterpaares und im Tympanon fünf Szenen aus dem Leben des Apostels Paulus. Links vom Singertor hat sich mit dem Neidhart-Grab eines der frühesten gotischen Hochgräber in Österreich erhalten (vor 1359). Das **Primglöckleintor** im Südturm von 1359–70 besitzt eine schöne Trumeaumadonna von 1420 (Holz, ursprünglich aus Wiener Neustadt) und das **Adlertor** im Nordturm (1467–76) eine *Maria mit Kind* von 1600. Die vier Baldachinfiguren im 1. OG des Südturmes stellen die Eltern des Stifterpaares dar, von links *Kaiser Karl IV.*, *Blanche von Valois*, *Herzog Albrecht II.* und *Johanna von Pfirt*. Das gleich dreimalige Vorkommen von Monumentalfiguren lebender Stifter dürfte darauf hinweisen, dass St. Stephan damals für die Habsburger auch als Familiengedächtnisstätte gedacht war. Es zeigt aber auch den Anspruch des Herrschers gegenüber der Stadt. Die realistischen Darstellungen entstammen der sog. Ersten Herzogswerkstatt, die sich aus Mitgliedern der Minoritenwerkstatt, der Hütten der Parler-Bauten in Nürnberg und Schwäbisch Gmünd und aus frz. Bildhauern zusammen-

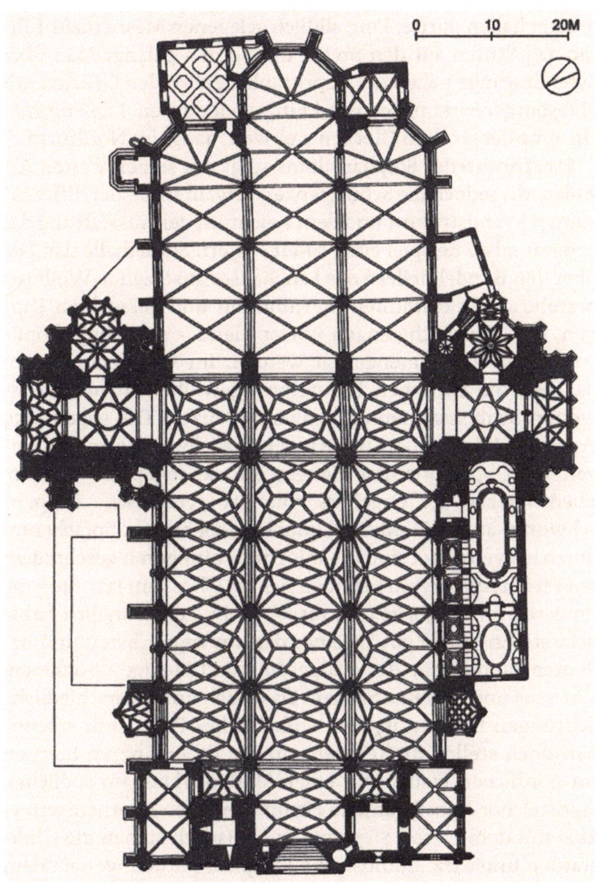

St. Stephan, Grundriss

gesetzt haben dürfte. Vom südlich gelegenen Mesnerhaus führen 343 Stufen auf den Steffl. Im Norden gelangt man über zwei Eingänge neben der Capistrankanzel zu den Grüften mit Habsburger Sarkophagen und Eingeweideurnen. Die Pummerin, eine der größten Glocken weltweit, hängt im Nordturm.

Das **Innere** des Stephansdoms stellt mit seinen weiten Arkaden, die jedoch die Schiffgrenzen bewahren, seiner differenzierten Wandstruktur und dem Reichtum der Ausstattung das bedeutendste Beispiel einer süddt.-österr. Staffelhalle dar. Die über den Bündelpfeilern des Langhauses ansetzende Wölbung besteht aus gekrümmten Sternformen und geknickten Rippen, die – die Jochgrenzen überspielend – zu Achteckkonfigurationen zusammengefügt werden. Im Chor entsprechen dagegen die einfachen Kreuzrippengewölbe mit beachtenswerten Schlusssteinen der früheren Bauzeit. Die gegen 1459 erneuerte Westempore mit Rippen in Kielbogenform ist dagegen dem spätgotischen Zeitgeschmack angepasst worden. Ebenso weist der Orgelfuß von 1513 dynamische Rippenschwünge auf. In Frankreich unüblich, aber im dt. Sprachraum durchaus verbreitet sind die mit Baldachinfiguren geschmückten Pfeiler; die älteren befinden sich im Chor (um 1320/40), die jüngeren im Langhaus (um 1450/70). Das ursprünglich farbig gefasste Ensemble gilt als eines der umfangreichsten und bedeutendsten seiner Art. Dargestellt sind Heilige, Propheten, Christus und einzelne Szenen. Da es sich um unterschiedliche Stiftungen handelt, ist kein einheitliches Programm erkennbar, doch stellen die teilweise im 19. Jh. ergänzten Statuen im nördlichen Frauenchor einen Marienzyklus, im südlichen Apostelchor Apostel und im Hauptchor einen Allerheiligenzyklus mit dem Patron *Stephan* dar. Stilistisch stehen die Chorstatuen unter frz. Einfluss, die Langhausstatuen werden dem Umkreis von Jakob Kaschauer und Nicolaus Gerhaert van Leyden zugeschrieben. Die *Christophorusstatue* am linken Chor-

Die Kirchenväter *Hieronymus* und *Ambrosius* auf der Kanzel des Stephansdoms

pfeiler gilt als eigenhändiges Werk des Letzteren. Besonders berühmt ist die **Kanzel** mit den vier lateinischen Kirchenvätern und dem Selbstbildnis des Meisters, dem sog. *Fenstergucker*, der traditionell mit dem Dombaumeister Anton Pilgram identifiziert wird. Heute werden eine frühere Datierung um 1490 und eine Zuschreibung an den Umkreis von Nicolaus Gerhaert van Leyden diskutiert. Ein gesichertes Selbstbildnis Pilgrams befindet sich unter dem Orgelfuß im linken Seitenschiff (1513). Von den alten Glasfenstern von 1330–50 haben sich nur die drei Fenster des Hauptchores erhalten, die um 1900 aus den im gesamten Kirchenraum vorhandenen Resten zusammengesetzt wurden. Auch von der gotischen Wandmalerei sind im Chor und an der Westempore nur Restbestände auf uns gekommen. Die überreiche Ausstattung geht teilweise auf die Erbauungszeit zurück, zum größeren Teil entstammt sie jedoch zwei Barockisierungswellen von 1639–50 und 1680–1750, wobei das heutige Erscheinungsbild des Langhauses mit den Pfeileraltären v.a. Matthias Steinl zu verdanken ist. Aus der Fülle der Objekte seien nur einige herausgegriffen. Der Hochaltar mit der *Steinigung der hl. Stephanus* stammt von Johann Jakob (Aufbau und Skulpturen) und Tobias (Altarbild) Pock (1641–46), das barocke Chorgestühl für die Domherren ebenfalls von Ersterem. Der Wiener Neustädter Altar, ein spätgotischer Flügelaltar im linken Frauenchor, vom sog. Friedrichsmeister (1447), ist erst seit 1952 in St. Stephan aufgestellt. Hier befindet sich auch das der Herzogswerkstatt entstammende Doppelgrabmal für Herzog Rudolf IV. und seine Gemahlin Katharina (um 1365) aus Adneter Marmor. Rudolf brach mit der Tradition der früheren Habsburger, sich eher einfache Kastentumben zu errichten, und ließ sich ein aufwendiges Monument mit einer inzwischen verlorenen Baldachinarchitektur und reichem Figurenschmuck anfertigen. Sein Bildnis, das einst beim Grab angebracht war und als ältestes Porträt der dt. Kunst gilt, befindet sich heute im Dommusem. Unter dem Chor liegt die eigentliche Gruftanlage. Das berühmte **Hochgrab für Kaiser Friedrich III.** (gest. 1493) im Apostelchor, ebenfalls aus Adneter Marmor, ist ein Werk Nicolaus Gerhaert van Leydens, der 1467 den Auftrag dafür erhielt, jedoch 1473 verstarb, so dass es durch Max Volmer und Michel Trichter vollendet werden musste. Die unter dem Südturm gelegene Katharinenkapelle mit schönen Schlusssteinen dient heute als Taufkapelle mit einem Taufstein von Ulrich Auer aus Salzburg (1476–81, Deckel von etwa 1515). Die *Dienstbotenmadonna* am rechten Choreingang gilt als Hauptwerk der österr. Skulptur der 1. Hälfte des 14. Jh.s. Der sog. *Zahnwehherrgott* in der Nordturmhalle, der seinen Namen einem legendenhaften Studentenjux verdankt, ist ein frühes Beispiel für die Wiedergabe des wiederkehrenden Christus vor dem Jüngsten Gericht als

Andachtsbild (um 1420). Unter den weiteren Altarbildern sei auf die *Namensgebung von Johannes dem Täufer* (1708, 3. Langschiffpfeiler rechts) und die *Stigmatisation des hl. Franziskus* (1715, Nordwand gegenüber der Kanzel) von Johann Michael Rottmayr, den *Hl. Januarius* von Martino Altomonte (4. Langschiffpfeiler rechts) und auf den Valentinsaltar in der Eligiuskapelle (Paul Kriechbaum zugeschrieben, nach 1507) hingewiesen. In der Kreuzkapelle (Nordwestecke) befindet sich das Grabdenkmal für Prinz Eugen von Savoyen. Die ehem. Valentinskapelle dient heute als Reliquienkammer für v. a. barocke Reliquiare und liturgisches Gerät. Die älteren Stücke befinden sich im Dommuseum.

Die **Virgilkapelle** (zugänglich von der U-Bahn-Station Stephansplatz, I C4/5) dürfte aus dem 13. Jh. stammen und im hier gelegenen Friedhof von St. Stephan als Karner gedient haben. Sie wurde später von der Maria-Magdalena-Kapelle überbaut, die aber 1781 abgetragen wurde.

Das **Erzbischöfliche Palais** (I C/D4) wurde 1632–41 anstelle des Pfarrhofs von St. Stephan, später Propsthof und ab 1469 Bischofssitz, wohl nach dem Entwurf von Giovanni Coccapani errichtet; 1716 wurde es aufgestockt und mit Festräumen und 1752 mit einer Feststiege versehen. Innen im 19. und 20. Jh. verändert, bewahrt der Bau noch den gotischen Chor der barockisierten **Andreaskapelle** und bedeutende frühbarocke Raumgestaltungen in den Festsälen. In der Andreaskapelle hat sich der Annenaltar von 1512 mit Renaissancereliefs von *Anna Selbdritt* und den *Hll. Barbara* und *Katharina* erhalten.

Das **Churhaus** (Stephansplatz, I C4) wurde 1738–40 von Matthias Gerl nach Entwürfen von Daniel Christoph Dietrich und Johann Gottfried Pock als Ausbildungshaus für Geistliche erbaut. 1806 erfolgte eine Aufstockung durch Louis Montoyer.

Palais Equitable (Stock-im-Eisen-Platz 3, I C4): Der imposante späthistoristische Bau wurde 1887–91 durch Andreas

Streit für die New Yorker Versicherungsgesellschaft Equitable errichtet. Die Bronzeplastiken stammen von Viktor Tilgner, der ornamentale Schmuck und die Türreliefs von Johann Schindler und Rudolf von Weyr. Inhaltlich nehmen sie neben dem amerikan. Wappenadler Bezug auf die Sage vom »Stock-im-Eisen«, auf Landwirtschaft und Gewerbe. An der linken Hausecke befindet sich der historische »Stock im Eisen«, ein mit Nägeln beschlagener Holzstamm aus der Zeit um 1440, das älteste Wahrzeichen Wiens. Er dürfte trotz zahlreicher anders lautender Legenden ein Grenzstein für die Freistatt um St. Stephan mit ihrem Asylrecht gewesen sein.

Haas-Haus (I C4): Der asymmetrisch angelegte postmoderne Bau mit Runderker von Hans Hollein steht seit 1985–90 anstelle eines Nachkriegsbaus, der einst ein Geschäftshaus mit der ersten Eisenskelettkonstruktion in Wien ersetzte, das im Zweiten Weltkrieg zerstört wurde. Hollein rundete die Fassade in Anlehnung an römische Mauerreste darunter ab und spielte mit den Materialien, v. a. Stein zum Graben hin und spiegelndes Glas zu St. Stephan hin, wobei die Grenze z. T. diagonal über den Bau verläuft. Auch die Umrisslinie ist differenziert gestaltet.

Graben (I C4): Der von Prachtbauten gerahmte Platz ist eine der nobelsten Geschäftsadressen und Flaniermeilen Wiens, aber auch mit einer secessionistischen unterirdischen Bedürfnisanstalt (Wilhelm Beetz, 1904) ausgestattet. Sehenswert ist **Nr. 8**, ein späthistoristisches Geschäfts- und Mietshaus, 1886 durch Carl Schumann erbaut und 1904 durch Arnold Hatschek für den k. k. Hoflieferanten Braun & Co. umgestaltet und eingerichtet. Etwas abseits befindet sich der Göttweigerhof (Spiegelgasse 9, I C4), ein spätklassizistischer Stiftshof, von Joseph Kornhäusel 1828–30 errichtet. Das **Ankerhaus** (Graben 10), ein historistischer Bau mit verglaster Ladenzone, Wohnetagen und Glasaufsatz für ein Fotoatelier, ist ein Werk Otto Wagners von 1894/95 für die Versicherungsgesellschaft »Der Anker«. Durch gleichrangige Wohngeschosse ohne Beletage und eine Ziegelpfeilerkonstruktion mit einer Trennung von Haupttragestruktur und Binnentragestruktur für einen flexibel zu nutzenden Geschäftsbereich nimmt es bereits Merkmale der Moderne vorweg. Das Palais Bartolotti-Partenfeld (**Nr. 11**), Johann Lucas von Hildebrandt zugeschrieben, ist der einzige noch erhaltene Barockbau am Graben. Beim Haus **Nr. 13** wurden von Adolf Loos 1910–13 die Geschäftsräume des k. k. Hofschneiders und Herrenausstatters Knize mit kostbaren Materialien neu gestaltet. Der von schwarzem Granit gerahmte Eingangsbereich führt über einen kleinen Ladenraum in die großzügig und elegant im engl. Stil gehaltene eigentliche Verkaufsetage im Obergeschoss. Für die Errichtung des **Grabenhofs** (Nr. 14–15), nach Entwürfen von Otto Wagner und Otto Thienemann in Neorenaissanceformen 1874–76 erbaut, wurde damals eines der bedeutendsten Renaissancebürgerhäuser Wiens abgerissen. Die **Erste Österreichische Sparkasse** (heute Erste Bank, Nr. 21) wurde 1835–38 nach einem Entwurf von Alois Ludwig Pichl für die 1819 gegründete erste österr. Sparkasse in spätklassizistischen Formen erbaut. Die Skulpturengruppe der *Vier Elemente* vor dem Portal stammt von Helmut Margreiter (1993). Im Inneren befinden sich eine Porträtgalerie (im großen Sitzungssaal) und die umfangreichste Sparbüchsensammlung Österreichs. Der **Trattnerhof** (Nr. 29–29a) wurde 1911 anstelle eines Vorgängerbaus von 1773–76 von Rudolf Krauß mit Betonständerfassaden in Formen der frühen Wiener Moderne errichtet. **Nr. 30**, die Konfiserie Altmann & Kühne, besitzt noch eine originale Ladeneinrichtung von Josef Hoffmann und Oswald Haerdtl (1932). Das Zentrum des Grabens bildet die **Pestsäule**. Mit der Bitte um ein Ende der 1679 in Wien wütenden Pest gelobte Kaiser Leopold I. eine Kirchenstiftung und die Errichtung einer Säule. 1682 wollte er eine anfänglich in Holz ausgeführte, der Hl. Dreifaltigkeit und den Neun Chören der Engel gewidmete Säule der Wiener Bürgerschaft durch Matthias Rauchmiller in Stein ersetzen lassen. Nach dessen Tod 1686 veränderte Johann Bernhard Fischer von Erlach jedoch die Form von Sockel und Aufbau. Lodovico Ottavio Burnacini entwarf die Wolkenformation. Die Ausführung lag in den Händen mehrerer Künstler. Fischer selbst und Ignaz Bendl schufen die biblischen Sockelreliefs, Paul Strudel die Personifikation der *Fides* (Glaube), die die Pest überwindet, und den darüber als Stifter knienden *Kaiser Leopold*. Die neun Engel und Putten stammen u. a. von Rauchmiller, Strudel und Bendl. Die Gruppe der Hl. Dreifaltigkeit geht auf einen Entwurf Strudels zurück und wurde von Johann Kilian gegossen. Architektonische Formen und z. T. ins Malerische aufgelöste Plastik verbinden sich hier zum ersten bedeutenden hochbarocken Monument in Wien. Die Säule, 1694 vollendet, wurde Vorbild für zahlreiche Dreifaltigkeitssäulen in der gesamten Monarchie. Flankiert wird sie von zwei symmetrisch angelegten Barockbrunnen (um 1680), deren Statuen des *Hl. Joseph* und des *Hl. Leopold* jedoch 1804 durch klassizistische Bleifiguren Johann Martin Fischers ersetzt wurden.

♦ Die **Peterskirche** (I C4) reicht in ihren Wurzeln möglicherweise bis ins 4. Jh. zurück. Der Legende nach soll an dieser Stelle durch den Umbau einer römischen Kaserne die erste Kirche Wiens gestanden haben. Nach der Geschichte der Stadt von Wolfgang Lazius (1546) gilt dagegen Kaiser Karl der Große als Gründer. Spätestens im 11. Jh. stand hier eine romanische Basilika als zweite Pfarrkirche (später mehrmals erneuert) neben St. Ruprecht. Nach der Errichtung der neuen Pfarrkirche St. Stephan kam St. Peter an das Schottenstift. 1676 wurde im damals ziemlich baufälligen St. Peter die Bruderschaft der Heiligsten Dreifaltigkeit eingeführt. Der heutige Bau mit einer großen Gruftanlage wurde aufgrund des Pestgelöbnisses von

Kaiser Leopold I. 1702 durch Gabriele Montani begonnen und 1703–08 durch Johann Lucas von Hildebrandt und Franz Jänggl als Bauführer in veränderter Form weitergeführt. 1733 erfolgte die Schlussweihe. Der 1722 datierten Fassade wurde in den Jahren 1751–53 nachträglich ein Portalvorbau nach Plänen von Andrea Altomonte vorgesetzt. Die **Fassade** wirkt sehr geschlossen und zugleich dynamisch, bestimmt von den schräg nach innen gestellten Doppeltürmen, der risalitartig vortretenden, schräg nach außen abgeknickten und zugleich konkav eingezogenen Front und der beherrschenden Tambourkuppel. Vorbilder dafür waren sowohl die Wiener Servitenkirche als auch St. Peter in Rom und antik-römische Rotunden wie das Pantheon. Der Statuenschmuck stellt links die Apostel *Paulus* und *Simon* und rechts *Petrus* und *Judas Thaddäus* dar. Über dem Portal von 1753 geben die Bleistatuen die theologischen Tugenden *Glaube*, *Hoffnung* und *Liebe* wieder, das Bleirelief im Giebelfeld die *Berufung der Apostel*, geschaffen von Franz Kohl, einem Schüler Georg Raphael Donners. Das Relief an der **Ostseite** der Kirche mit deren legendärer Kirchengründung durch Karl den Großen stammt von Rudolf von Weyr (1906), die Statuen des *Apostels Petrus* und des *Erzengels Michael* an der **Außenwand der Apsis** sind Werke Lorenzo Mattiellis (um 1730). Der auch für die Karlskirche als Vorbild wichtige längsovale **Innenraum** mit großen Kapellen in der Querachse, kleineren Kapellen mit Emporen in den Diagonalen und kreuzförmigem Chorbereich ist ebenfalls von römischen Ovalkirchen beeinflusst. Die mehrfachen römischen Bezüge sind über Formales hinaus auch programmatischer Ausdruck der engen Verbindung der Habsburger als Kaiser des Hl. Römischen Reichs zu Papst und Rom. Die farblich auf die Fresken abgestimmte prachtvolle Dekoration geht v. a. auf den Stuckator Santino Bussi und den Intendanten der gesamten Innenausstattung, Matthias Steinl, zurück. Das Fresko der Hauptkuppel mit Himmelsglorie und *Krönung Mariens durch die Hl. Dreifaltigkeit* ist ein Werk Johann Michael Rottmayrs (1713–17). Die Kirchenväter und Evangelisten in den Kuppelpendentifs und Zwickeln zwischen den Fenstern stammen von Johann Georg Schmidt. Santino Bussi als Stuckator und Franz Jänggl als Maurer sind die ausführenden Meister des von Antonio Galli-Bibiena entworfenen und in gesteigerter Form aus der Pilasterordnung und dem Gebälk des Kirchenraumes entwickelten Hochaltares (1729–33). Von Letzterem stammen auch die Scheinarchitektur der Chorkuppel, die Fresken der Vorhalle mit *Christus und Petrus auf dem Meer* und die musizierenden Engel über der Orgelempore. Das Hochaltarbild von Martino Altomonte zeigt die *Heilung des Lahmen durch die Apostel Petrus und Johannes* (1731). Die *Immaculata* über dem Tabernakel ist ein Werk Leopold Kupelwiesers (1836), der aus dem 15. Jh. stammende *Gnadenstuhl* darüber ist das alte Kultbild der Dreifaltigkeitsbruderschaft. Die beiden Herrscherstatuen stellen vermutlich *Konstantin* und *Karl den Großen* dar. Im Presbyterium befinden sich auch die Kaiseroratorien und das Grabmal Joachim Georg Schwandtners nach einem Entwurf Andrea Altomontes (1757, links). Die Kanzel mit den Evangelisten und dem *Zwölfjährigen Jesus im Tempel* geht auf Matthias Steinl zurück (um 1716). Der Johannes-von-Nepomuk-Altar rechts vom Chor zeigt den Sturz des Heiligen in die Moldau (1729) und wird Lorenzo Matielli zugeschrieben, von dem auch die Statuen des *Hl. Petrus* und des *Hl. Michael* an der Kircheneingangswand stammen. Weitere Ausstattungsstücke in den Kapellen sind das *Martyrium des hl. Sebastian* von Anton Schoonjans und das Deckenfresko von Rottmayr in der Sebastianskapelle (2. Kapelle links), die *Hl. Familie* von Martino Altomonte in der Kapelle der Hl. Familie (3. links), der *Engelssturz* vermutlich von Johann Georg Schmidt (1715) in der Michaelskapelle (3. rechts), die *Erweckung eines ertrunkenen Knaben* (1714) und Szenen aus dem

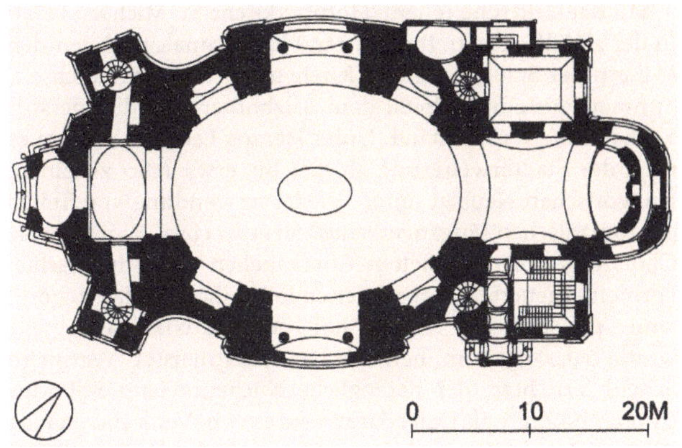

Peterskirche, Grundriss

Leben des Heiligen an der Decke der Franz-von-Sales-Kapelle von Rottmayr (2. rechts) und die *Vision des hl. Antonius von Padua* von Martino Altomonte in der Antoniuskapelle (1. rechts). In der Sakristei wird eine *Pietà* Joseph Führichs bewahrt (1851). Weitere Nazarener-Werke befinden sich am Abgang zur Krypta, in der sich zwei Frührenaissancealtäre erhalten haben, und in den Seitenkapellen.

Die **Apotheke »Zum weißen Engel«** (etwas abseits gelegen: Bognergasse 9, I C4) wurde bereits 1587 erwähnt. 1901/02 erhielt sie einen bedeutenden floralen Jugendstilneubau durch Oskar Laske, einen Otto-Wagner-Schüler, und Victor Fiala.

Am **Kohlmarkt** (I C4) zu finden sind die Traditonszuckerbäckerei Demel und, in Nr. 7 und 10, die postmodernen Portalumrahmungen (1981/82) des Juweliergeschäftes Schullin (spätbiedermeierliches Zinshaus) und des ehem. Kerzengeschäftes Retti (1964/65) von Hans Hollein.

Michaelerkirche (ehem. Hofpfarrkirche St. Michael; I C4): In der 2. Hälfte des 11. Jh.s entstand hier, damals noch vor den Mauern der Stadt, ein erster Kirchenbau, der vermutlich zusammen mit einem Spital dem Salzburger Benediktinerstift Michaelbeuern unterstand. Unter Herzog Leopold VI. kam es nach der Stadterweiterung ab 1221 bis etwa 1280 zu einem frühgotischen Neubau unter Wiederverwendung von Teilen des romanischen Vorgängerbaues. Ab etwa 1340–60 wurde die Choranlage mit gestaffelten Chorkapellen in hochgotischen Formen erneuert. Die abschließende Weihe des Hauptchores fand 1416 statt. Die rechte Chor- oder St.-Nikolaus-Kapelle wurde 1350–55 vom herzoglichen Forstmeister Wernhard Schenk errichtet; der herzogliche Küchenmeister Stiborius Chrezzel stattete als Dank dafür, dass er vom Verdacht, Herzog Albrecht II. vergiftet zu haben, befreit wurde, die Kapelle mit einem Altar aus. Um 1445 erhielt die Kirche einen neuen Hochaltar von Jakob Kaschauer (verloren). In der 2. Hälfte des 16. Jh.s wurde die große Gruftanlage eingebaut, 1592–95 der durch ein Erdbeben zerstörte Turm in gotisierenden Formen wiedererrichtet. Kaiser Ferdinand II. übergab die Kirche 1626 dem Reformorden der Barnabiten. Diese ließen das Kircheninnere in frühbarocken Formen umgestalten. Ab 1662/63 wurde nach Grundzukäufen die große barocke Klosteranlage durch Filiberto Lucchese und Giovanni Pietro Tencalla und nach 1690 durch Giovanni Battista Maderna erbaut. Den noch unvollendeten Bau zerstörte 1704 ein Brand, so dass 1707–10 das Kolleg mit Bibliothek und Kapitelsaal unter Hinzufügung des Großen und des Kleinen Michaelerhauses neu errichtet wurde. Nur das venezianisch beeinflusste Refektorium mit Leinwandbildern von Peter Strudel und Stuck von Antonio Beduzzi (1693–95) konnte übernommen werden. 1755/56 wurden die Prunkstiege, das Archiv und die beiden Klosterportale gebaut (Johann Pauli). In dieser Zeit erhielt die Kirche auch einen neuen Hochaltar von Michelangelo Unterberger, der jedoch 1781/82 durch eine frühklassizistische Altaranlage ersetzt wurde. 1792 gestaltete Ernest Koch die Fassade neu. 1819–27 kam es zu spätklassizistischen Veränderungen im Inneren.

Die einfache, in der Mittelpartie steil aufragende klassizistische **Fassade** ionischer Ordnung besitzt einen ebenfalls klassizistisch anmutenden Portalbau in toskanischer Ordnung, der jedoch bereits 1724 nach einem Entwurf von Antonio Beduzzi errichtet worden sein soll. Der barocke Statuenschmuck mit dem *Triumph des hl. Michael über den Satan* zwischen den Erzengeln *Gabriel* (links) und *Raphael* (rechts) stammt von Lorenzo Mattielli (1724/25). Im Michaelerdurchgang rechts befindet sich eine *Ölberggruppe* aus der Zeit um 1480–94 (Fassung und Ergänzungen 1732).

Das **Innere** der dreischiffigen Querhausbasilika zeigt in den spätromanischen Arkaden mit leichten Spitzbogen den Übergang zur Gotik. Die schönen Bestien-, Knollen-, Knospen- und Blattkapitelle weisen z. T. Ähnlichkeiten mit dem Westbau von St. Stephan auf. Im nördlichen Seitenschiff ist ein Portal mit einer Crux gemmata mit Weinranken im Tympanon aus der Zeit um 1245 freigelegt. Das Querhaus weist die ältesten Gewölbe auf (um 1220) und gotische Wandmalereireste aus der Mitte des 14. Jh.s mit dem *Jüngsten Gericht* über dem Triumphbogen. Der 1781/82 nach einem Entwurf von Jean Baptiste d'Avrange und einem Programm vermutlich von Don Barnabas Angerer errichtete bühnenartige Hochaltar verwandelt den gesamten Chorraum in ein barockes Theatrum sacrum, doch in der Formensprache des frühen josephinischen Klassizismus. Vor dem Priesterchor steht der Altar mit dem seit 1673 in der Kirche bewahrten kretischen Gnadenbild des 16. Jh.s aus Kandia, *Maria Candia*. Der dem Patrozinium St. Michael entsprechende, die ganze Chorscheitelwand einnehmende *Engelssturz* in Stuck stammt von Karl Georg Merville

(1782), die Statuen der vier Evangelisten von Johann Martin Fischer, die *Hll. Sebastian und Rochus* von Philipp Jakob Prokop. In die Öffnungen zu den Nebenchören wurden klassizistische Oratorien aus Holz eingebaut, und die ursprünglich gotischen Bündelpfeiler wurden in kannelierte Dreiviertelsäulen verwandelt. Auch die Querhausaltäre gehen auf die Umgestaltungen des Klassizismus zurück (1821), doch sie bewahren frühbarocke Gemälde von Tobias Pock (1642/43), *Pfingstwunder* (links) und *Vierzehn Nothelfer* (rechts). Die nördliche Chorkapelle (Krippen- oder Werdenbergkapelle) enthält in klassizistischem Ambiente die *Anbetung des Kindes* von Franz Anton Maulbertsch (um 1753/55), das Grabmal für den Librettisten Pietro Metastasio (gest. 1782) und das Werdenberg-Epitaph. In der südlichen Chorkapelle (Kreuz- oder Nikolauskapelle) haben sich ein Seccofragment mit dem *Ungläubigen Thomas* (um 1340), Glasmalereifragmente von etwa 1355 und die beiden bedeutenden hochgotischen, von Wernhard Schenk gestifteten Baldachinfiguren der *Hll. Katharina und Nikolaus* vom sog. Michaelermeister (um 1350/55, Fassung barock) erhalten. Dieser dürfte ein oberital. Wanderkünstler gewesen sein, der seine Lehre vermutlich bei Arnolfo Arnoldi in Florenz absolvierte. Der Holzkruzifixus (um 1510) wird Hans Schlais zugeschrieben. Hier im Südchor befinden sich auch besonders schöne Schlusssteine. Über seinem Eingang ist das ehem. Hochaltarbild mit dem *Engelssturz* von Michelangelo Unterberger angebracht (1752). Die Altäre der Querhausstirnwände – der Kreuzaltar links (1823) und der Julius-Altar rechts (1826) – sind wie die anderen Querhausaltäre Werke von Johann Zobel mit Skulpturen von Franz Käßmann. Von Letzterem stammt auch die Kanzel mit der Statue des *Hl. Paulus* (1819). Auch die meisten Kapellen mit Fragmenten gotischer Wand- und Gewölbemalerei oder barocker Architektur besitzen klassizistische Altäre mit meist nazarenischen Bildern. Besondere Beachtung verdienen der *Hl. Paulus* von Ludwig Schnorr von Carolsfeld (1826, 2. Kapelle links vom Eingang) und in der 3. Kapelle das Deckenfresko mit *Engelskonzert* von Carlo Innocenzo Carlone (1720/21), der *Hl. Alexander Sauli* von Schnorr von Carolsfeld (1826) und der *Hl. Johannes Nepomuk* von Johann Georg Schmidt (1723). Unter den Kapellen des südlichen Langhauses sind die Blasiuskapelle mit dem *Hl. Blasius beim Kindersegen* (Karel Skréta zugeschrieben, um 1650) und die Marien- oder Vesperbildkapelle (2. rechts) mit ihrer Gestaltung durch Antonio Carlone (1637–42), den Gemälden von Ambros Petrucci und der *Pietà* aus der Werkstatt des Jakob Kaschauer (um 1435/45) besonders hervorzuheben. Die klassizistische *Grablegung* ist ein Werk Franz Käßmanns (1819). Gotische Malereireste finden sich noch in der Turmkapelle rechts vom Eingang und an der inneren Westwand davor, darunter der *Hl. Michael als Seelenwäger* mit der Gottesmutter und dem Satan. Außerdem ist die Michaelerkirche überreich mit Epitaphen und **Grabmälern** ausgestattet, denn seit dem 14. Jh. war sie neben St. Stephan die wichtigste Begräbniskirche Wiens. Besondere Beachtung verdienen das Grabmal für Johann Leopold Donat Fürst Trautson von Joseph Emanuel Fischer von Erlach mit der Ausführung der Skulpturen vermutlich durch Johann Ferdinand Maximilian Brokoff (1727, am rechten Choreingang), das Grabmal für Johannes II. Freiherrn von Trautson, ehemals ein Hochgrab im Presbyterium und 1670 am heutigen Platz neu gestaltet, dessen Liegefigur von etwa 1590 aus dem Umkreis des Bildhauers Alexander Colin stammt (links am Choranfang), und das Grabmal für Paul Sixt I. und Franz Trautson, das um 1660 entstand. Es bewahrt die Statue des knienden Grafen Sixt von Caspar Gras (1614, rechts am Choranfang). Die große Barockorgel (1714) mit einem Spielwerk von Johann David Sieber zählt zu den bedeutendsten Orgeln Österreichs. Im 17. und 18. Jh. war die Kirche das kirchenmusikalische Zentrum Wiens.

Die Gruft, in der bis 1783 bestattet wurde, ist im Rahmen von Führungen zu besichtigen.

♦ Das **Looshaus** (I C4), das ehem. Geschäftshaus der Schneiderfirma Goldmann und Salatsch, wurde 1909–11 von Adolf Loos als beispielgebend für moderne zeitgemäße Architektur ohne jede Ornamentik und Fassadendekoration (außer im unteren Geschäftsbereich) errichtet. Es gilt als ein Gründungsbau der Moderne. Nach Veränderungen 1938 wurde der Bau 1989 teilweise rekonstruiert. Der Eisenbetonskelettbau besitzt im Geschäftsbereich eine aufwendige und kostbare Marmorverkleidung und toskanische Säulen, während die Obergeschosse schlicht verputzt sind und nur eine Rastergliederung durch eingeschnittene Fenster aufweisen. Über dieses »Haus ohne Augenbrauen« gegenüber der Hofburg im repräsentativen Zentrum Wiens wurde zum Zeitpunkt seiner Errichtung heftig diskutiert. Als der Bau gestoppt wurde, erklärte sich Loos jedoch nur bereit, bronzene Blumenkästen an einzelnen Fenstern anzubringen.

♦ **Hofburg** (I C4/5): Zum riesigen Komplex der kaiserlichen Hofburg mit ihren 18 einzelnen Trakten und Gebäuden aus unterschiedlichen Erbauungszeiten gehörte ursprünglich das gesamte Areal von den Hofstallungen (MuseumsQuartier) mit den Hofmuseen über Burgtheater, Geheime Hof- und Staatskanzlei (Bundeskanzleramt) und die Hofkirchen St. Michael und St. Augustin bis zur Albertina und der Hofoper (Staatsoper). In der rund 2600 Räume umfassenden Hofburg befinden sich heute die Präsidentschaftskanzlei und die Amtsräume des österr. Bundespräsidenten, die Österreichische Nationalbibliothek, ein Kongress- und Veranstaltungszentrum, Ämter, die Spanische Hofreitschule und die Geistliche und Weltliche Schatzkammer, die Hofjagd- und Rüstkammer, die Sammlung alter Musikinstrumente, das Weltmuseum, das Ephesosmuseum und das Haus der Geschichte Österreich. Unabhängig von diesen sind Teile der ehem. Prunkräume, die sog. Kaiserappartements mit Silberkammer und das Sisi Museum, der Öffentlichkeit zugänglich.

Die ehem. Kaiserresidenz spiegelt heute v. a. die wechselvolle Geschichte der Habsburger Herrschaft, geht aber laut Grabungsergebnissen im Kern vermutlich bis in die Babenberger Zeit unter Herzog Friedrich dem Streitbaren zurück. Ausgebaut und fertiggestellt wurde die erste Burg unter König Ottokar II. Przemysl von Böhmen um 1275. Dieser mittelalterliche Kern blieb über Jahrhunderte erhalten, obwohl sowohl im Barock als auch im Historismus Pläne zu einer vereinheitlichenden Neugestaltung bestanden. 1339 wurde die Wiener Burg zur Residenz der Habsburger. 1449 fand der Umbau der alten Burgkapelle in gotischen Formen seinen Abschluss. Ab 1529 kam es unter Kaiser Ferdinand I. nach der erfolgreichen Abwehr der Osmanen zum Ausbau der Burg und zur Errichtung neuer Trakte in Renaissanceformen, von denen sich der Schweizertortrakt, die später veränderte Amalienburg und die einst freistehende Stallburg erhalten haben. Im Frühbarock ließ Kaiser Leopold I. die Burgbastionen erneuern und 1660–67 nach Plänen Filiberto Lucchese als Verbindung zwischen den Schweizerhofbauten und der Amalienburg den Leopoldinischen Trakt anfügen, der jedoch nach einem Brand 1668 durch Giovanni Pietro Tencalla eine Umgestaltung und Erweiterung erfuhr. Unter Kaiser Karl VI. wurden durch Johann Bernhard Fischer von Erlach und seinen Sohn Joseph Emanuel die neue Hofbibliothek (1722–37) und die ehem. Hofstallungen (1718–25; s. S. 121) errichtet. 1724/25 entwarf Johann Lucas von Hildebrandt einheitliche Fassaden für den Gesamtkomplex mit einem ehrenhofartigen überkuppelten Trakt zur Stadtseite. Zur Ausführung kam jedoch nur ein kleiner Teil. Nach Hildebrandts Plänen wurde von Joseph Emanuel Fischer von Erlach 1729–34 die Winterreitschule ausgeführt, in deren Reit-

Mich
pla
Michaelertrakt
mit Michaelertor
Burgtheater
(ehem. Hofburgtheater)
Reichskanzleitrakt /
Kaiserapp., Silberkammer,
Sisi Museum
Ball-
haus-
platz
Amalien-
burgtrakt
In der Burg
Bundeskanzleramt
(ehem. Geheime Hof-
und Staatskanzlei)
Denkmal
Kaiser Franz II. (I.)
Löwelstraße
Denkmal
Kaiserin
Elisabeth
Leopoldinischer Trakt /
Zeremonialapp. Maria Theresias,
Franz Stephans, Josephs II.
Theseus-
tempel
Schweizerto
Volksgarten
Hel
pla
Denkmal
Erzhzg. Karl
Dr.-Karl-Renner-Ring
Cortisches
Kaffee-
haus
Denkmal
F. Grillparzer
Äußer
Wien – Hofburg
0
50
100
150 m

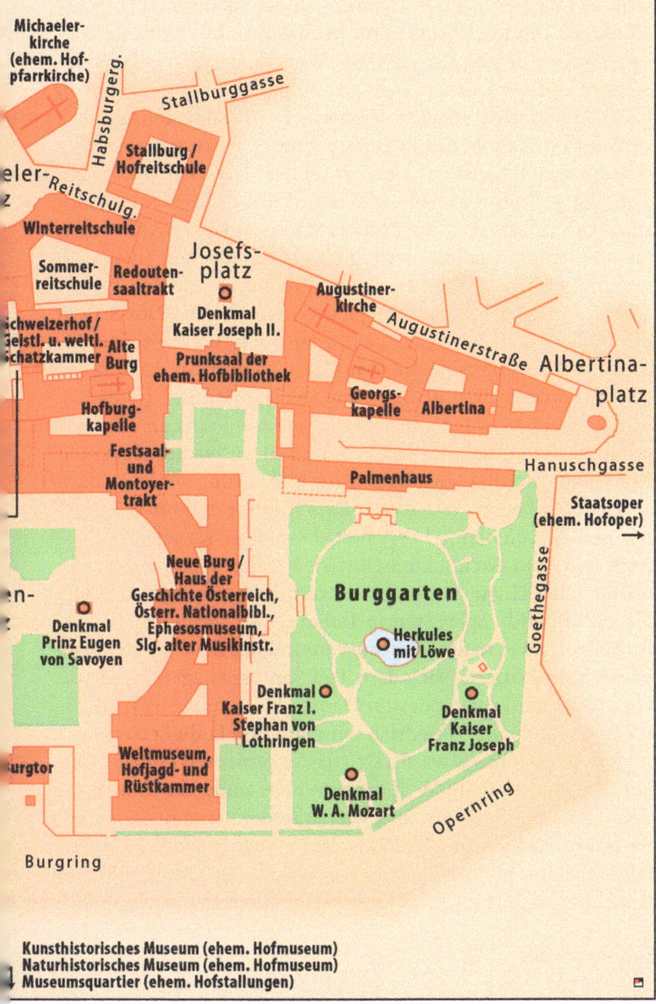
Michaeler-
kirche
(ehem. Hof-
pfarrkirche)
Habsburgerg.
Stallburggasse
Stallburg /
Hofreitschule
Reitschulg.
Winterreitschule
Josefs-
platz
Sommer-
reitschule
Redouten-
saaltrakt
Denkmal
Kaiser Joseph II.
Augustiner-
kirche
Augustinerstraße
Albertina-
platz
Alte
Burg
Prunksaal der
ehem. Hofbibliothek
Georgs-
kapelle
Albertina
Hofburg-
kapelle
Festsaal-
und
Montoyer-
trakt
Hanuschgasse
Palmenhaus
Staatsoper
(ehem. Hofoper)
Neue Burg /
Haus der
Geschichte Österreich,
Österr. Nationalbibl.,
Ephesosmuseum,
Slg. alter Musikinstr.
Burggarten
Goethegasse
Denkmal
Prinz Eugen
von Savoyen
Herkules
mit Löwe
Denkmal
Kaiser Franz I.
Stephan von
Lothringen
Denkmal
Kaiser
Franz Joseph
Weltmuseum,
Hofjagd- und
Rüstkammer
Denkmal
W. A. Mozart
Opernring
Burgring
Kunsthistorisches Museum (ehem. Hofmuseum)
Naturhistorisches Museum (ehem. Hofmuseum)
Museumsquartier (ehem. Hofstallungen)

schulsaal bis heute die Vorführungen der Spanischen Hofreitschule stattfinden (Eingang im Michaelertrakt). Beim Reichskanzleitrakt, dessen Hof- und Rückfassaden noch durch Hildebrandt selbst errichtet wurden, stammt die Hauptfassade von Joseph Emanuel Fischer von Erlach. Der Skulpturenschmuck geht auf Lorenzo Mattielli zurück. Dieser Trakt war einst Sitz der obersten Reichsbehörden. Unter der Herrschaft von Maria Theresia planten Balthasar Neumann und Jean-Nicolas Jadot erneut eine große vereinheitlichte Schlossanlage, doch wurden nur die beiden Redoutensäle durch Jadot errichtet (1744–48) und die seitlichen Fassaden der Redoutensäle und des Augustinertrakts am heutigen Josefsplatz durch Nicolaus Pacassi dem Hofbibliotheksbau angeglichen (1769–72). Wenigstens teilweise erhalten hat sich die von Maria Theresia in Auftrag gegebene Rokokoausstattung von Nicolaus Pacassi (1761–64). 1802–06 fügte Louis Montoyer unter Kaiser Franz an den Leopoldinischen Trakt den Zeremoniensaal mit seiner eleganten Kolonnade an. 1821–24 wurden zur Erinnerung an die Völkerschlacht bei Leipzig 1813 das Äußere Burgtor und im Volksgarten der Theseustempel errichtet. Erst unter Kaiser Franz Joseph und dem Architekten Gottfried Semper kam es ab 1869 wieder zu Plänen für eine weitreichende Erneuerung. Die Neue Burg und – später nur in Teilen verwirklicht – ein Kaiserforum mit zwei neuen Hofmuseen und der neue Heldenplatz wurden projektiert. Nach dem Tod Sempers begann Carl von Hasenauer unter veränderten Plänen den Neubau. Die Architekten Emil Förster, Friedrich Ohmann und Ludwig Baumann folgten. Es war nur etwa ein Drittel des geplanten Projekts ausgeführt, als der Erste Weltkrieg und das Ende der Monarchie den Baustopp brachten. 1875 war außerdem eine neue Neorenaissancefassade zum Ballhausplatz errichtet worden. Ebenfalls aus der letzten Bauphase stammt die von Ferdinand Kirschner nach Plänen des jüngeren Fischer von Erlach (18. Jh.)

errichtete stadtseitige Fassade des Michaelertraktes. Zu den letzten Bauten gehört auch das Palmenhaus im Burggarten von Friedrich Ohmann (1902–06). Eine einheitliche Fassade erhielt der Gesamtkomplex letztlich nie. Das mag nicht nur am chronischen Geldmangel der kaiserlichen Schatulle gelegen haben, sondern auch von dem Wunsch motiviert gewesen sein, die geschichtsträchtigen älteren Bauteile zu erhalten.

Rundgang vom Heldenplatz aus: Das **Äußere Burgtor**, von Peter Nobile nach einem Entwurf von Luigi Cagnola errichtet, ist in seiner strengen schmucklosen Form ein Beispiel des Revolutionsklassizismus. 1916 wurde das ehem. Denkmal für die Völkerschlacht in ein Kriegerdenkmal umgewidmet, seit 1965 beherbergt es auch die Gedenkstätte für die Opfer des österr. Widerstands. Das Gusseisenkreuz nach einem Entwurf von Gustav Peichl erinnert an die Besuche von Papst Johannes Paul II. in Österreich, die Stahlplattenskulptur von Florian Schaumberger gedenkt der im Dienst ums Leben gekommenen österr. Gendarmen und Polizisten. Der **Heldenplatz** zwischen Volksgarten und Neuer Burg sollte ursprünglich als geschlossene Anlage das Zentrum des Kaiserforums bilden. Die beiden Reiterdenkmäler stellen in Burgnähe den Osmanenbesieger *Prinz Eugen* (1865) und in Volksgartennähe *Erzherzog Karl* (1859), den Sieger der Schlacht von Aspern 1809 – Napoleons erster verlorener Schlacht – dar. Sie stammen von Anton Dominik Fernkorn, die Sockel von August Sicard von Sicardsburg und Eduard van der Nüll. Der Trakt der **Neuen Burg** mit Corps de Logis und Kolonnaden bildet heute den Eingang zu mehreren Museen und zum Lesesaal der Österreichischen Nationalbibliothek. Im Anschluss daran, im **Festsaal- und Montoyer-Trakt**, befindet sich der klassizistische Zeremoniensaal von Louis Montoyer, der ehem. Thronsaal mit seinem korinthischen Säulenschmuck. Dieser Trakt gehört zum Konferenzzentrum und wird auch für Konzerte genutzt, ebenso wie die von hier zugänglichen Redoutensäle. Der anschließende zurückspringende Trakt ist der nicht öffentlich zugängliche **Leopoldinische Trakt**, der Amtssitz des Bundespräsidenten. Im Inneren des Komplexes auf dem Platz **In der Burg** steht das spätklassizistische **Denkmal für Kaiser Franz I.** von Pompeo Marchesi (1838–46), das den Kaiser im Habitus seines römischen Äquivalents und umgeben von den Tugenden *Glaube*, *Stärke*, *Gerechtigkeit* und *Frieden* zeigt. Die acht Sockelreliefs huldigen dem Kaiser als Förderer von Wissenschaft, Handel, Gewerbe, Industrie, Ackerbau, Viehzucht, Kunst und Heldentum. Durch das Schweizertor gelangt man in den ältesten Teil der Burg. Der nach der Schweizer Garde Maria Theresias benannte **Schweizerhoftrakt** bildet mit dem Pietro Ferrabosco zugeschriebenen **Schweizertor**, dem ehem. Haupteingang und einem der bedeutendsten Zeugnisse der Renaissancearchitektur in Wien, das Zentrum der Burg. Im Schweizerhof befinden sich der Eingang zur Geistlichen und Weltlichen Schatzkammer und die **Hofburgkapelle**. Der Bau des 13. Jh.s vom Übergang der Romanik zur Gotik mit einem Chor von 1424–26 wurde nach einer Barockisierung bereits 1748 gotisierend restauriert. Die Hofburgkapelle besitzt noch bemerkenswerte gotische Schlusssteine, Maßwerk und Verglasung entstammen dagegen dem 19. Jh. Die hölzernen Pfeilerfiguren mit Originalfassung aus der Zeit um 1480/85 werden der Nachfolge Nicolaus Gerhaert van Leydens zugeschrieben. Altäre und Kanzel sind Arbeiten des Klassizismus (1802). Der Bronzekruzifixus hinter dem Hochaltar stammt von Johann Baptist Känischbauer (1719), während die *Schöne Madonna* im linken Seitenaltar ein Werk der Internationalen Gotik um 1420 ist. Über den Platz In der Burg gelangt man zum **Michaelertrakt**. In dessen Kuppelhalle befindet sich der Zugang zu den Kaiserappartements, zur Silberkammer, zum Sisi Museum und zur Spanischen Hofreitschule. Im ehem. **Reichskanzleitrakt** wurden unter Kaiser Franz Joseph Appartements mit Wohn- und Arbeitsbereichen für den Kaiser eingerichtet, die in etwas rekonstruierter Form besichtigt werden können, wie auch in der anschließenden **Amalienburg** das Appartement von Kaiserin Elisabeth (Sisi). In der ehem. **Silberkammer** befinden sich rund 7000 Gebrauchsgegenstände des höfischen Haushaltes v. a. aus dem 18. und 19. Jh. Im sog. Stephan-Appartement versucht das **Sisi Museum** mit seiner Präsentation zahlreicher Gegenstände aus ihrem persönlichen Besitz ein lebensnahes Bild von Kaiserin Elisabeth zu vermitteln. An diesen Trakt schließen die **Sommer-** und die **Winterreitschule** an. Stadtseitig ist die mit einer prächtigen Kuppel überhöhte **Michaelertraktfassade** mit zwei Brunnen geschmückt, die links die *Macht zur See* von Rudolf von Weyr (1895) und rechts die *Macht zu Lande* von Edmund von Hellmer (1897) darstellen. Davor befindet sich heute auf dem Platz ein archäologisches römisch-mittelalterliches Grabungsfeld. Durch die Reitschulgasse gelangt man zur **Stallburg** mit ihrem Renaissance-Arkadenhof und einer Fassade in den Formen der römischen Palastarchitektur der 1. Hälfte des 16. Jh.s. Der Entwurf wird Jacopo Strada zugeschrieben. Nach der Kaiserkrönung Maximilians II. 1564 wurde die Stallburg für den kaiserlichen Marstall, die Rüstungskammer und die Kunstammlungen (bis zu deren Übersiedlung in das Obere Belvedere 1778) verwendet. Das Erdgeschoss wurde seit Karl VI. von der Spanischen Hofreitschule genutzt, außerdem brachte man hier die Hofapotheke unter. Der Josefsplatz wird durch die vom **Redoutensaaltrakt** und vom Augustinertrakt gerahmte Hofbibliothek gebildet. Die beiden Redoutensäle (heute ein Konferenzzentrum), die ihren Namen von den hier abgehaltenen höfischen Maskenbällen haben, wurden 1992 durch einen Brand zerstört – der Kleine Saal wurde originalgetreu rekonstruiert, im Großen Saal stammen die neuen

Wand- und Deckengemälde von Josef Mikl. Die anschließende ehem. **Hofbibliothek** (Österreichische Nationalbibliothek) Johann Bernhard Fischer von Erlachs zählt zu den bedeutendsten Barockbauten Österreichs. Wohl ab 1716 projektiert und 1722–37 durch Fischer und seinen Sohn Joseph Emanuel errichtet, wirkt der ursprünglich freistehende Baukörper wie ein Palast der Wissenschaften. Über dem Mittelrisalit triumphiert *Minerva*, die Göttin der Wissenschaften, über die Personifikationen von *Neid* und *Unwissenheit*. Zugeschrieben werden die Skulpturen Lorenzo Mattielli. Über den seitlichen Flügeln stützt *Atlas* die Himmelskugel (links) und *Tellus* die Erde (rechts). Der große **Prunksaal** im Inneren findet seine Vorbilder in römischen Thermensälen und der Galleria Colonna in Rom. Zur Ausstattung des Saals, deren Programminventor der kaiserliche Rat Conrad Adolph von Albrecht war, gehören Daniel Grans Deckenfresken mit den auch als Schule von Athen bezeichneten Vertretern aller Wissenschaften und Apoll und Herkules, die das Medaillon Kaiser Karls VI. präsentieren (1730). Das Hauptthema in den Fresken der Seitenflügel sind Krieg und Frieden. Die ursprünglich von Peter Strudel und seinen Brüdern für einen anderen Zusammenhang geschaffenen 16 Herrscherstatuen von Habsburgern (um 1700) befinden sich seit 1731 hier. Im Zentrum des Prunksaals wird der Bauherr, *Kaiser Karl VI.*, in einer Antonio Corradini zugeschriebenen Statue (um 1735) als Hercules Musagetes verherrlicht. Der Prunksaal wurde so zum Tempel der Wissenschaften und Künste und zur Ruhmeshalle der Habsburger Dynastie – und Wien zum Neuen Athen. Die kostbare Büchersammlung von etwa 200 000 Bänden geht in Teilen auf Prinz Eugen zurück. Der an die Hofbibliothek anschließende **Augustinertrakt** mit dem Augustinersaal, der ehem. Bibliothek des Augustinerklosters (heute Lesesaal der ÖNB), mit Deckenfresken von Johann Baptist Wenzel Bergl (1773) stellt die bauliche Verbindung der Hofburg zur Albertina her.

Der vor der Hofbibliothek fast einen Ehrenhof bildende **Josefsplatz** (s. Hofburg-Plan, S. 48), einer der schönsten und geschlossensten Plätze Wiens, ist nach Kaiser Joseph II. benannt. Sein bedeutendes klassizistisches Reiterstandbild wurde 1795–1807 von Franz Anton Zauner in Auseinandersetzung mit dem Urbild aller abendländischen Reiterstandbilder, dem römischen Denkmal für Kaiser Marc Aurel, entworfen und in Bronzeguss ausgeführt. Es zeigt den Kaiser in antikisierender Feldherrntracht. Die Sockelreliefs zeigen ihn als Förderer von Handel und Landwirtschaft. Insgesamt verkörpern Kaiserstatue und Pferd in ihrer edlen Haltung, harmonischen Ausgewogenheit und geradlinigen Strenge sowohl die politischen Auffassungen des Reformkaisers als auch die formalen Ideale des Klassizismus.

Der 1783/84 durch Johann Ferdinand Hetzendorf von Hohenberg errichtete blockhafte Bau des **Palais Fries-Pallavicini** (Josefsplatz 5, s. Hofburg-Plan, S. 48) gilt als erstes klassizistisches Palais Wiens. Seine revolutionäre Einfachheit und die unübliche Abfolge der Geschosse waren seinerzeit sehr umstritten. Erst anschließend wurden das Karyatidenportal und die Attikaplastik von Franz Anton Zauner hinzugefügt (1786).

Augustinerkirche (ehem. Hofkirche St. Augustin; I C4): 1327 wurde durch Herzog Friedrich den Schönen neben der herzoglichen Burg ein Kloster der Beschuhten Augustiner gestiftet; Klostergebäude und Gotteshaus wurden 1330–39 errichtet. 1349 erfolgte die Weihe der als Hallenraum mit Langchor konzipierten Kirche, doch wurde im Chor noch i. J. 1399 gebaut. Als Baumeister ist Dietrich Ladtner von Pirn aus Bayern überliefert, dem der Ordensgeneral Thomas von Straßburg beratend zur Seite stand. 1337–41 wurde die zweischiffige Georgskapelle ans südliche Seitenschiff angefügt. Sie sollte als Versammlungsraum für die von Herzog Otto dem Fröhlichen gegründete Ritterschaft Societas Templois dienen. 1627 wurde die Loretokapelle, eine Stiftung der kaiserlichen Gemahlin Eleonore Augusta, errichtet. Nach der Übergabe des Klosters an die Unbeschuhten Augustiner 1631 diente die Kirche ab 1634 als Hofpfarrkirche. Von damals stammen die Barockisierung der Einrichtung, die Anlage von Seitenkapellen, möglicherweise durch den Hofarchitekten Giovanni Battista Carlone, und die erneuerten Klostertrakte. 1652 wurde durch Georg Gerstenbrand ein Turm, ursprünglich mit Zwiebelhaube, nach einem Brand 1848 mit neugotischem Helm nach Entwurf von Paul Sprenger, an den nördlichen Chor angebaut. 1657/58 wurden in der Unterkirche Grüfte für Ordensmitglieder, den Hof und Wiener Adelsfamilien ausgebaut. Unter Kaiser Joseph II., 1783/84, wurde die Kirche durch Johann Ferdinand Hetzendorf von Hohenberg entbarockisiert und in gotischen Formen neu gestaltet. Im 19. und 20. Jh. und erneut 2003 wurde das Innere weiter verändert und Hohenbergische Bauteile wurden z. T. wieder entfernt. Vom schlichten **Außenbau** mit einfachen Strebepfeilern sind nur die Partien zur Augustinerstraße sichtbar, der Chor und die ehem. Fassade wurden im 18. Jh. eingebaut.

Innenraum: Die dreischiffige kreuzrippengewölbte Halle mit breitem Mittelschiff und Langchor enthält schlanke Pfeiler mit auf schmale Manschetten reduzierten Kapitellen. Besonders beachtenswert sind die z. T. originalen Schlusssteine. Die gesamte Wandgliederung mit Blendbögen geht auf die josephinische Neugotik zurück. Der fünfjochige Langchor mit zentralisierendem 7/10-Chorschluss besitzt das älteste Sterngewölbe Österreichs. Die Anregung für Grundriss und Chorlösung dürfte auf den Einfluss des Ordensgenerals Thomas zurückzuführen sein, dem dt. Bettelordenskirchen als Vorbild dienten. Der Hochaltar Hohenbergs wurde 1874 durch einen neugotischen mit *Christus Salvator* im Zentrum ersetzt, der ursprünglich für die Votivkirche bestimmt war und von Andreas Halbig aus Würzburg stammte (1857–70). Noch von Hohenberg stammen die in klassizistisch-gotisierenden Formen gestaltete Kanzel (1784) und die dem Barockklassizismus verpflichteten Seitenaltäre. Die Altäre zu Seiten des Triumphbogens schuf Johann Baptist Straub (gegen 1730). Das rechte Altarbild mit der *Vision der hl. Maria Magdalena* malte Johann Michael Rottmayr um 1707 ursprünglich für die Schönbrunner Schlosskapelle. Besondere Beachtung unter den Grabmälern verdient das 1798–1805 entstandene **Grabdenkmal der Erzherzogin Marie Christine** (1742–1798, Tochter Kaiserin Maria Theresias), ein Hauptwerk Antonio Canovas und des Klassizismus. Es wurde von Herzog Albert von Sachsen-Teschen, dem Gemahl der Verstorbenen, in Auftrag gegeben. Canova zeigt eine Pyramide, zu der sich ein Trauerzug bewegt. Die eine Aschenurne tragende Personifikation der *Tugend*, zwei Fackelträgerinnen, die Personifikation der *Barmherzigkeit*, ein gebückter *Greis* und ein *Knabe* nehmen den Betrachter – ohne jedoch einen direkten Bezug aufzunehmen – mit auf den Weg zur Grabkammer. Rechts sitzt ein trauernder Genius unter dem Wappen des Hauses Sachsen vor einem Löwen, der zugleich Symbol der Charakterstärke der Verstorbenen und Habsburgeremblem ist. Über dem Eingang zum Grab befinden sich das von der Personifikation der *Glückseligkeit* gehaltene und mit einer *Schlange* als Ewigkeitssymbol umkränzte Bildnismedaillon der Verstorbenen, ein *Putto* mit Palmzweig und die Inschrift »uxori optimae Albertus« (Albert seiner besten Gattin). Die Kirchenorgel (Empore) von Johann Hencke aus den Jahren 1727–30 mit einem von Hohenberg umgestalteten Prospekt stammt aus der Schwarzspanierkirche. Rechts vor dem Chor befindet sich der Zugang zur an Grabmälern reichen

Loretokapelle. Durch zwei Guckfenster kann man dort in die Herzgruft der Habsburger mit den Herzbechern von Kaiser Matthias bis Erzherzog Franz Karl (Vater Kaiser Franz Josephs) sehen. Von der Loretokapelle gelangt man in die Georgskapelle, eine zweischiffige Halle mit schönen Schlusssteinen aus der Erbauungszeit. Das Kenotaph für Kaiser Leopold II. von Franz Anton Zauner (1795) mit Liegefigur des Kaisers und stehenden Trauernden gehört zu den bedeutendsten Grabdenkmälern des Klassizismus. Das Wandgrab von Wirich Philipp Graf Daun ist ein Werk Jakob Christoph Schletterers (nach 1745), das Wandgrab von Leopold Reichsgraf von Daun stammt von Balthasar Moll. Auch in der Unterkirche der Augustinerkirche befinden sich Grabmäler und eine große Gruftanlage für die Ordensangehörigen und Adelsfamilien.

Dorotheergasse (I C4): Die heutige Lutherische Stadtkirche (Nr. 18) wurde 1582/83 ursprünglich für das Königin- oder Clarissinnenkloster in Formen der Spätgotik und Renaissance errichtet. Nach der Aufhebung des Klosters und dem Erlass des Toleranzpatents Kaiser Josephs II. 1783 wurde der Bau an die evangelisch-lutherische Gemeinde verkauft. Nun wurde er mit Emporen und einer klassizistischen Ausstattung versehen, 1876 wurde er außen durch Otto Thienemann umgestaltet, 1907 erhielt er die neoklassizistische Fassade. Die anschließende Reformierte Stadtkirche (Nr. 16) gehört mit ihrer 1783/84 von Gottlieb Nigelli unter frz. Einfluss errichteten Formensprache zu den bedeutendsten Werken dieser Stilepoche in Wien. 1887 wurde ihr Inneres jedoch verändert und die neobarocke Turmfassade angefügt – zuvor durfte der Bau außen nicht als Kirche erkennbar sein.

Palais Dietrichstein-Lobkowitz (I C4): Das 1690 von Giovanni Pietro Tencalla für den Fürsten Dietrichstein begonnene Palais erfuhr ab 1694 eine Planänderung durch Johann Bernhard Fischer von Erlach. Auf Letzteren gehen u. a. die Attikabrüstung mit Statuen der olympischen Götter und das hochbarocke Hauptportal zurück. 1745 ging der Bau in den Besitz der Fürsten Lobkowitz über. Heute beherbergt er das österr. Theatermuseum. Im Inneren sind der Hof mit einem der Werkstatt von Lorenzo Mattielli zugeschriebenen Herkules-Brunnen (um 1730), das Treppenhaus mit Stuckierung des frühen 18. Jh.s und die Quadraturmalerei von Gaetano Fanti (1728/29) mit applizierten Ölbildern von Jakob van Schuppen im Eroicasaal beachtenswert.

Albertina (I C4/5): Herzog Albert von Sachsen-Teschen, Gemahl von Erzherzogin Marie Christine, ließ 1801–04 das ehem. Palais Tarouca (um 1750) an der Augustinerbastei durch Louis von Montoyer unter Einbeziehung von Teilen des Augustinerklosters erweitern und mit Möbeln der frz. Hofwerkstätten ausstatten. 1822–25 wurde unter dem Erben Erzherzog Carl das Innere durch Joseph Kornhäusel und den Bildhauer Josef Klieber neu gestaltet. Nach einer Fassadenerneuerung 1867, einer weiteren Neuausstattung 1895–97 und schweren Kriegsschäden präsentiert sich die Albertina heute mit wiederhergestellten Prunkräumen in einer Umgestaltung von Hans Hollein. Die ehem. Basteirampe wurde nach 1945 durch eine Treppe ersetzt. Die Statue des *Liegenden Jünglings* stammt von Fritz Wotruba (1933). Auf dem Plateau der Bastei befindet sich das Reiterdenkmal von Feldmarschall Erzherzog Albert von Caspar von Zumbusch (1898/99). Heute zerschneidet jedoch das von Hollein 2001–03 errichtete Flugdach die Silhouette von Gebäude und Denkmal. Im Inneren der Albertina finden sich in den Prunkräumen Ausstattungsstücke vom Klassizismus bis zum Historismus. Besonders erwähnenswert sind die Minervahalle mit einer Minervastatue von Josef Klieber, der Säulengang, die Sphinxstiege, das Goldkabinett und v. a. der ehem. Festsaal Kornhäusels, der Saal der Musen mit den Statuen von *Apoll und den neun Musen* von Klieber. Auch das Mobiliar reicht von Louis XVI. aus der Zeit Herzog Alberts über Empire und Biedermeier bis zum Historismus, darunter Schöpfungen Joseph Danhausers. Die Büste *Herzog Alberts von Sachsen-Teschen* ist ein Werk von Franz Xaver Messerschmidt. Neben den Prunkräumen werden in der Albertina mit ihrer weltberühmten, von Herzog Albert von Sachsen-Teschen begründeten Graphiksammlung wechselnde Ausstellungen gezeigt.

Albertinaplatz (I C5): Bis 1945 stand hier der Philipphof. 1988 wurde anstelle des Hofes das **Mahnmal gegen Krieg und Faschismus** errichtet, zum Gedenken u. a. derer, die unter den Trümmern 1945 nicht mehr lebend befreit werden konnten. Das ausdrucksstarke, den gesamten Platz einbeziehende Denkmalensemble in sowohl figuraler als auch abstrakt-fragmentarischer Formensprache stammt von Alfred Hrdlicka. Das *Tor der Gewalt* besteht aus zwei eng zusammengestellten Steinblöcken aus Mauthausner Granit und erinnert an die Opfer von Konzentrationslagern, Massenmord und Krieg. Dem Gedenken an die Verfolgung, Demütigung und Vernichtung der Juden ist die mit Stacheldraht umwundene Bronzeplastik eines Juden gewidmet, der mit seiner Kippa die Straße waschen muss. Eine dritte Gruppe mit dem Titel *Orpheus betritt den Hades* bezieht sich auf Bombenopfer und Widerstandskämpfer. Der *Stein der Republik* mit Auszügen aus der österr. Regierungserklärung vom 27. April 1945 soll zu Freiheit, Demokratie und Menschlichkeit aufrufen.

♦ **Kapuzinerkirche Hl. Maria zu den Engeln** und **Kapuzinergruft** (I C4): Nach einer ersten Bleibe bei den Minoriten erhielten die 1599 nach Wien gekommenen Kapuziner 1603 eine eigene Kirche in der Vorstadt (am heutigen Standort der Mechitaristenkirche). Ihre heutige Kirche am ehem. Mehlmarkt entstand 1622–32, nachdem Kaiserin Anna 1617 hier ein neues Kloster mit einer Grablege für sich und ihren Gemahl, Kaiser Matthias, gestiftet hatte. Die Kapuzinergruft mit ihren späteren Erweiterungsbauten wurde von fast allen Habsburgern als Begräbnisstätte gewählt. Sie ist mit ihrer Fülle von hervorragenden Sarkophagen von der Spätrenaissance bis zum Historismus in Europa einzigartig.

Die einfache **Kirchenfassade** geht auf eine romanisierende Erneuerung von 1882 und eine Rekonstruktion des barocken Aussehens nach alten Ansichten in den Jahren 1933–36 zurück. **Innenraum:** Der in schmucklosem Weiß gehaltene frühbarocke Saalraum mit zwei seitlichen Kapellen und Mönchschor besitzt nach einem Brand 1681 eine Ausstattung des 18. Jh.s mit intarsierten Holzaltären (1735) und Bildern von Pater Norbert Johann Baumgartner (1751–59). Das Hochaltarbild zeigt den *Hl. Franziskus in Portiunkula* und seitlich die *Hll. Fidelis von Sigmaringen* und *Josef von Leonissa*, die Seitenaltäre zieren *Antonius von Padua* und *Felix von Cantalice*. Unter der frühbarocken Kaiserkapelle links mit Holzstatuen der Habsburger Kaiser Matthias und Ferdinand II. von Leonhard Worster (vor 1636), Ferdinand III. und Ferdinand IV. (unbekannter Künstler, 1669) und einem Mariengnadenbild befindet sich die Gründergruft. Die Pietà-Kapelle rechts vom Kirchenraum enthält den 1787 hierher übertragenen, kunsthistorisch bedeutenden ehem. Gruftaltar nach einem Entwurf von Johann Lucas von Hildebrandt mit Statuen von Pietro Baratta nach einem Entwurf von Peter Strudel (1707–14). In der Kapelle befindet sich auch das Epitaph des während der osmanischen Belagerung wirkenden Kapuzinerpredigers Marco d'Aviano, dessen Statue von *Hans Mauer* (1936) neben der Kirchenfassade steht. Die Sakristei bewahrt eine eigenhändige Replik der *Epiphanie* Johann Michael Rottmayrs für die Stiftskirche Melk (um 1723).

In der **Gruftanlage** befindet sich die Grablege des Hauses Habsburg. Seit der Weihe i. J. 1633 und den nachfolgenden Erweiterungen von 1657, 1700, 1720, 1753/54, 1824, 1840–42, 1908/09 und 1960 wurden hier fast 150 Angehörige des (ehem.) Kaiserhauses beigesetzt. Die Herzen wurden in der Herzgruft der Augustinerkirche, die Eingeweide in St. Stephan bestattet. Seit 1717 ist die Kapuzinergruft öffentlich zugänglich. Die Gründer- oder Engelsgruft, die leopoldinische (1657) und die karolinische (1701–20) Gruft bilden den Anfang. In deren einfachen Gängen stehen die Särge in Reihen, darunter jene für Kaiser Leopold I., Kaiser Joseph I. und Karl Joseph von Lothringen, Fürsterzbischof von Trier, nach Entwürfen von Johann Lucas von Hildebrandt, und der Sarkophag für Kaiser Karl VI. von Johann Nikolaus und Balthasar Ferdinand Moll. Das Zentrum der ganzen Anlage bildet die Maria-Theresien-Gruft (1753/54) nach einem Entwurf von Jean-Nicolas Jadot de Ville-Issey: ein quadratischer Kuppelraum mit einem Fresko von Joseph Ignaz Mildorfer, das die Vision des Propheten Ezechiel von der Auferstehung der Toten zeigt. Der Doppelsarkophag Maria Theresias und ihres Gemahls Franz I. Stephan von Lothringen stammt von Balthasar Ferdinand Moll (1753) und gilt als ein Hauptwerk der österr. Rokokoplastik. An den Ecken befinden sich Klagefiguren mit den Kronen des Hl. Römischen Reichs, Ungarns, Böhmens und Jerusalems, auf dem Deckel die lebensgroßen Figuren des Kaiserpaares. Dahinter verkündet der Genius des Ruhmes den Triumph des Glaubens. Völlig schmucklos, aber aus dem haltbareren Kupfer im Gegensatz zum vorher üblichen Zinn ist der Sarg Kaiser Josephs II. vor jenem seiner Eltern. Es folgen die Franzens- (1824/25), die Ferdinands- (1840–42) und die Toskanagruft (1840–42) in spätklassizistischem Stil. Über den Neuen Gruftraum (1960, Karl Schwanzer) gelangt man in die Gruft Kaiser Franz Josephs (1908/09) in den Formen des Wiener Jugendstils und in die Gruftkapelle.

Neuer Markt (I C4): Der ehem. Mehlmarkt dürfte seine Grundform bereits gegen 1200 erlangt haben. In seiner Mitte erhebt sich der **Mehlmarkt**- oder **Providentia-Brunnen**

(1737–39), das Hauptwerk von Georg Raphael Donner, dessen Originalskulpturen aus Blei – unter Kaiserin Maria Theresia wären sie aus Sittengründen beinahe eingeschmolzen worden – seit 1873 aus konservatorischen Gründen im Unteren Belvedere ausgestellt und am Brunnen durch Bronzekopien ersetzt sind. Über den Personifikationen der österr. Flüsse *Enns*, *Traun*, *Ybbs* und *March* am Beckenrand thront in der Brunnenmitte *Providentia*, die Vorsehung, als Sinnbild einer guten Regierung. Die Flüsse – zwei männliche und zwei weibliche Figuren – enthalten Anspielungen auf die vier Lebensalter, die vier Temperamente und die Lebensformen der Vita activa und der Vita passiva. In ihrer Eleganz und ihren ruhig fließenden Bewegungen weisen Donners meisterliche Skulpturen bereits auf den erst nach der Jahrhundertmitte einsetzenden Klassizismus voraus.

Die **Kärntnerstraße** (I C4/5) ist die alte Hauptverkehrsader in südlicher Richtung. Im 19. Jh. wurde sie zur noblen Einkaufsstraße, wovon z. B. noch das Geschäftslokal samt Firmenmuseum der berühmten Kristallwarenhersteller J. & L. Lobmeyr zeugt (**Nr. 26**). Das **Palais Todesco** (Nr. 51), ein vornehmes Zinshaus in Formen der venezianischen Neorenaissance, 1861–63 durch Ludwig von Förster erbaut, besticht durch seine aufwendige skulpturale Dekoration. Unter den Repräsentationsräumen sind das üppige Speisezimmer und der elegante Festsaal mit korinthischen Marmorsäulen und Stuckpilastern, vergoldeten Kapitellen, schwarzen Sockeln und Basen und einer teils vergoldeten Stuckkassettendecke besonders erwähnenswert. Wegen seiner Dominanz und der harten Rasterung im Gegensatz zu den kleinteilig-sensiblen Oberflächenstrukturen der übrigen Gebäude ist das Geschäftshaus **Peek & Cloppenburg** von David Chipperfield (2011) dagegen sehr umstritten. An die Barockzeit wiederum erinnert nur noch das **Palais Esterházy** (Nr. 41), heute ein Casino.

Malteserkirche St. Johannes Baptist (I C5): Seit 1217 sind die durch Herzog Leopold VI. berufenen Johanniter, ab 1530 Malteser genannt, in Wien nachweisbar. Im 2. Viertel des 14. Jh.s ersetzte der einschiffige Kirchenbau ein Spital und eine Kapelle. V. a. im Chorbereich sind noch die ursprünglichen gotischen Formen erhalten. Im 17. und 18. Jh. wurde die Kirche barockisiert (Orgel), zu Beginn des 19. Jh.s unter Frater Franz Graf Colloredo klassizistisch umgestaltet. 1933 wurden Kirche und Kommendehaus verkauft, Erstere aber wurde 1960 zurückgekauft. Die Fassade gilt als Werk des belgischen Architekten Louis de Montoyer (1806–08). Die ebenfalls um 1806 entstandene Inneneinrichtung entspricht den Formen des Empire. Beachtenswert sind die Kanzel, das Denkmal für den Ordensgroßmeister Jean Parisot de la Valette (gest. 1568) und der Hochaltar, der noch zwischen den Statuen der *Apostel Petrus* und *Paulus* das barocke Altarbild mit der *Taufe Jesu* bewahrt (um 1730, Johann Georg Schmidt zugeschrieben). Die Glasfenster stammen von 1857.

Die kleine **American Bar** (auch Kärntner Bar / Loos Bar; Kärntnerstr. 10, Kärntner Durchgang) wurde 1908 in schlichten Formen, aber mit überaus prunkvollen Materialien von Adolf Loos errichtet – ein frühes Beispiel der Moderne.

Von St. Anna über die Postsparkasse zur Ruprechtskirche

Annakirche (I C5): An der Stelle eines ehem. Pilgerhauses mit Spital befand sich hier 1531–70 das Kloster der Clarissen. Nach Übergabe an die Jesuiten wurden 1629–33 unter Einbeziehung alter Mauerteile Kloster und Kirche neu errichtet. 1716 erfolgten eine Neuausstattung der Kirche durch Christoph Tausch, 1748 der Neubau des Turmes und nach einem Brand 1751 die

Freskierung und ein neuer Hochaltar. Nach der Vertreibung der Jesuiten 1773 wurde im Klostertrakt die Akademie der bildenden Künste eingerichtet. Nach deren Übersiedlung in ihr neues Gebäude fielen weite Teile des Klosters dem Abbruch zum Opfer. Über dem Eingang der mit ihrer schlichten Seitenfassade in den Gassenverlauf integrierten Kirche befindet sich eine Gruppe der *Hl. Anna Selbdritt* (um 1680). Im Inneren weist der sehr geschlossen wirkende Saalraum mit Kapellen eine schöne Barockausstattung mit Altären mit Sprenggiebel und reichem Skulpturenschmuck auf. Die Deckenfresken mit der *Glorie der hl. Anna* (Chor), *Maria Immaculata*, *Engelssturz* (Hauptschiff) und *Sendung Jesu* zur Erlösung der Welt (Orgelempore) und das Hochaltarbild mit der *Hl. Sippe* und den hll. Judas Thaddäus, Jakobus, Johannes und Maria Magdalena stammen von Daniel Gran (1751), die Ornamentrahmung von Franz Joseph Wiedon und Antonio Tassi. Die vergoldeten Holzskulpturen des Hochaltars stellen *David* (links) und *Abraham mit Isaak* dar. In der Annakapelle (1. links) wird die Statue der *Hl. Anna Selbdritt* dem Umkreis von Veit Stoss zugeschrieben (1500/10). Das Deckenfresko mit Tugenddarstellungen stammt wieder von Gran. Der *Hl. Sebastian* (2. Kapelle rechts), der *Hl. Ignatius von Loyola* (3. Kapelle rechts) und der *Hl. Joseph* (2. Kapelle links) sind Werke von Johann Georg Schmidt (1719).

Ursulinenkirche St. Ursula (I C5): Die 1665 nach Wien berufenen Ursulinen erhielten 1673–75 hier ihr Klostergebäude, ihre Schulräume und ihre ital. geprägte Kirche – ein kleiner barocker Wandpfeilersaal mit Stuckierung und einer Ausstattung vom 17.–19. Jh. Das Hochaltarbild mit dem *Martyrium der hl. Ursula* stammt von Johann von Spillenberger (1674). Der Gebäudekomplex gehört heute zur Universität für Musik und darstellende Kunst. Beachtenswert sind die ehem. barocke Klosterapotheke (Teil des Österreichischen Museums für Volkskunde) und in den anschließenden ehem. Klosterräumen ein barockes Theatrum sacrum (in den Wandnischen der alten Klausurgänge).

Savoysches Damenstift (Johannesgasse 15, I C4/5): In dem aus älteren Komplexen zusammengefügten und 1742 von Maria Theresia Herzogin von Savoyen-Carignan, geborene Prinzessin Liechtenstein, erworbenen Gebäude befand sich nach deren Tod ein adeliges Damenstift. Der Bau ist noch heute in fürstlich-liechtensteinischem Besitz. Die Fassade mit einer Bleistatue der *Maria Immaculata* von Franz Xaver Messerschmidt (1767/68) und Figuren von Johann Martin Fischer ist beachtenswert. Im Hof befindet sich der Witwe-von-Sarepta-Brunnen, ein moderner Abguss des Originals von Messerschmidt (1769/70, Stadtpalais Liechtenstein). Im Inneren gibt es qualitätvolle Repräsentationsräume des Rokoko.

♦ **Winterpalais des Prinzen Eugen** (Himmelpfortgasse 8, I C4): Der Bau, einer der Höhepunkte des Wiener und des österr. Barock, wurde 1695/96 von Johann Bernhard Fischer von Erlach für den Feldherrn und Osmanenbezwinger Prinz Eugen von Savoyen als siebenachsiges Stadtpalais mit Sala terrena, Prunkstiege und Festsaal entworfen und 1697/98 in Teilen und unter Einbeziehung eines Theatersaals aus dem Vorgängerbau errichtet. 1702 wurde die Leitung Johann Lucas von Hildebrandt übertragen. 1708/09 und 1723/24 erweiterte Hildebrandt nach Erwerb der Nachbarhäuser die Anlage u. a. um eine dritte Portalachse. Besonders beachtenswert sind die reiche rhythmisierte Fensterrahmung und der üppige plastische Schmuck. Die Relieffelder mit *Hektor und Achill* und *Perseus* (links), *Herkules und Antäus* und *Aeneas und Anchises* (Mitte) und Allegorien von *Krieg* und *Frieden* (rechts) werden Lorenzo Mattielli zugeschrieben. Die ehemals vorhandenen Attikafiguren wurden 1888–90 erneuert, fehlen jedoch seit 1931. Im Inneren beeindruckt die repräsentative Prunkstiege Fischer von Erlachs mit Skulpturenschmuck von Giovanni Giuliani und der

Die Prunkstiege im Winterpalais des Prinzen Eugen

Darstellung des *Prinzen Eugen* als neuer Apoll von Louis Dorigny. Bei den prächtig ausgestatteten Prunkräumen geht die Ausstattung der Wände v. a. auf Claude Lefort Duplessis zurück (1708), die noch erhaltenen Deckenmalereien u. a. auf Marcantonio Chiarini, Andrea Lanzani, Louis Dorigny und Jonas Drentwett, der Stuck auf Santino Bussi. Das Goldkabinett, das Paradeschlafzimmer und der Audienzsaal stammen noch aus der Zeit der Erbauung, die anderen ebenfalls kostbar ausgestatteten Räume sind z. T. Ergebnisse späterer Veränderungen.

Ronacher (I D4): Der historistische Bau wurde 1871/72 von Ferdinand Fellner d. Ä. als Wiener Stadttheater erbaut, mit Fassadenskulpturen von Josef Meixner geschmückt und im Stil des Rokoko ausgestattet. Nach einem Brand 1884 folgte der Umbau zum Varietétheater »Konzert- und Ballhaus Ronacher« durch Ferdinand Fellner d. J. und Hermann Helmer. 1992/93 nahm Luigi Blau eine Generalsanierung mit neuen Ausstattungsteilen vor. Die Wandmalereien in der Rotunde stammen von Nancy Spero.

Die **Franziskanerkirche St. Hieronymus** (I D4) gilt als eine der wenigen erhaltenen Renaissancekirchen auf österr. Boden. Vorher hatten hier ein Büßerinnenhaus zur Resozialisierung von Prostituierten und danach ein Waisenhaus gestanden; dieses wurde 1589 mit dazugehöriger Kirche den Franziskanern übergeben. Ab 1603 errichteten diese unter ihrem Provinzialoberen P. Bonaventura Daum, der auch den Entwurf entscheidend mitbestimmte, vermutlich durch den Baumeister Abraham Mall, unter Wiederverwendung des alten Bestands bis 1607 einen Kirchenneubau (Schlussweihe 1611). 1614 erfolgten der Anbau eines neuen Turms und die Grundsteinlegung zum Klosterneubau (die Fassade war einst freskiert). Die Baumeister waren Abraham Mall und Peter Centner. Der 1742 angefügte Portalvorbau stammt von Franz Anton Pilgram. Die schmale hohe Fassade, typisch für die Zeit vor dem Dreißigjährigen Krieg, mit Quaderritzung, Gurtgesimsen, Giebel und Ornamentumrahmungen der Fenster verbindet eine aus dem Profanbau stammende gotische Grundstruktur und Spitzbogenfenster mit den neuen Gestaltungsformen der süddt. Renaissance (man vergleiche die freilich viel aufwendigere Kirchenfassade von St. Michael in München). Die Statuen in den Nischen entstanden 1742 und stellen die Ordensheiligen *Franz von Assisi* und *Antonius von Padua* dar. Die aus der Erbauungszeit stammenden Skulpturen am Giebel zeigen die *Hll. Klara* und *Ludwig von Toulouse*, darüber die *Verkündigung an Maria*, und auf der Spitze eine Dreifaltigkeitsdarstellung mit Dreigesicht (1604). Das auf die Veränderungen in der Barockzeit zurückgehende Portal ist mit der Statue des *Hl. Hieronymus* geschmückt.

Im einschiffigen **Innenraum**, der durch Wandpfeiler – meistenteils die durch Ummantelung ins Innere gerückten

Strebepfeiler der ursprünglichen gotischen Kirche – und Kapellen gegliedert ist, ist der gotische Eindruck der Architektur noch dominierender als an der Fassade, v.a. im Mönchschor mit polygonalem Chorschluss und in der Deckenwölbung – auch wenn diese erst 1603–07 errichtet wurden. Die Pilastergliederung der Hochwände, die üppige Stuckierung, der farbige Stuckmarmor und die Ausstattung werden von den Stilformen des 17. und 18. Jh.s beherrscht. Das bedeutendste Werk ist der triumphbogenartige Hochaltar von Andrea Pozzo, in dem Architektur, Skulptur und Malerei illusionistisch, Theaterkulissen gleich verschmelzen (1706). Er bewahrt neben den Statuen der *Hll. Hieronymus, Franziskus* (unten), *Antonius von Padua, Bonaventura, Ludwig von Toulouse* und *Bernhardin von Siena* (auf dem Gebälk) das Gnadenbild *Maria mit der Axt*, eine Madonnenstatue aus der Zeit um 1500. Die Statue soll aus Grünberg in Böhmen stammen und dort einer protestantischen Vernichtungsaktion widerstanden haben. 1607 wurde sie, nachdem sie auch im Osmanenkrieg mitgeführt worden war, dem Franziskanerkloster geschenkt und ist seither in Wien hoch verehrt. Der Tabernakel mit Reliefs aus der Schule Georg Raphael Donners wurde 1783 in seiner heutigen Form errichtet. Von 1672 stammen das von Kaiser Leopold I. gestiftete Kaiseroratorium und der Kaiser-Altar in der Kaiserkapelle (4. rechts) mit dem *Hl. Petrus von Alcantara* und der ihn verehrenden kaiserlichen Stifterfamilie vor einer alten Ansicht von Wien von Mathäus Managetta. In den weiteren Kapellen auf der rechten Seite finden sich der Antonius-Altar (1. Kapelle vom Eingang aus, um 1760), der Altar des Guten Hirten in römisch inspirierten Formen (2. Kapelle) mit Altarbild von Ignaz Heinitz von Heinzenthal (um 1720) und der Kreuzigungs- oder Magdalenenaltar (1721, 3. Kapelle) mit Bild von Carlo Carlone (um 1720/25). Auf der linken Seite wurde der Sebastiansaltar mit Triumphbogenarchitektur und einer Statue des *Hl. Sebas-*

tian (1696, 1. Kapelle) vermutlich nach einem Entwurf Fischer von Erlachs wohl von Matthias Steinl ausgeführt. Die *Immaculata* über dem Bogen ist ein Werk Johann Michael Rottmayrs (um 1705/10). Es folgen der Capistran-Altar von Mathias Steinl (1723, 2. Kapelle) mit dem Bild des *Hl. Johannes Capistrano*, der einen Besessenen heilt, und mit dem *Hl. Paschalis Baylon* im Auszug, beide von Franz Xaver Wagenschön, der Immaculata-Altar (1721, 3. Kapelle) mit dem Altarbild von Johann Georg Schmidt und der aus St. Pölten hierher übertragene Franziskus-Altar (1784) unter dem Kaiseroratorium mit dem Bild des Heiligen, ebenfalls von Schmidt (1722). Die Fresken in den Altarnischen gehen auf Felix Kastner zurück (1896). Die Kanzel (1726) und der *Brückensturz des hl. Johannes Nepomuk* (1735) entstanden nach einem Entwurf von Mathias Steinl. Die Orgelempore schuf Franz Anton Pilgram 1740. Das beachtenswerte Kirchengestühl stammt von 1729. Im Mönchschor hinter dem Hochaltar befindet sich die sog. Wöckerlorgel (1642) mit reichem Schnitzwerk und bemalten Flügeln. So wie die aufwendigen Altäre meist auf adelige Stiftungen zurückgehen, so begehrt waren auch die Grabstätten in der Kirche im Adel und im reichen Bürgertum, an die zahlreiche Epitaphe in der Kirche und in der barocken Gruft erinnern.

Das Klostergebäude weist an seiner Ecke zur Singerstraße einen *Christus an der Geißelsäule* von etwa 1620 auf. Der **Moses-Brunnen** (1798) vor der Kirchenfassade ist ein Werk von Johann Martin Fischer, einem bedeutenden Wiener Bildhauer des Klassizismus und Biedermeier. Im Vorhof zum Haus Franziskanerplatz 1 befindet sich der **Rebecca-Brunnen** (1846) von Adam Ramelmayr.

Deutschordenskirche St. Elisabeth und Deutschordenshaus (I C/D4): Bereits um 1205 wurde der Deutsche Orden – eine ehem. Hospitalgenossenschaft (während des 3. Kreuzzuges 1190 in Akko gegründet, wurde sie 1198 in Jerusalem in einen geistlichen Ritterorden umgewandelt) – von Herzog Leopold VI. nach Wien berufen. Der Orden lebte nach der Templerregel und verbreitete sich bis etwa 1300 in ganz Europa, ab 1309 mit Hauptsitz in der Marienburg (Polen). Seinen ersten Kirchenbau in Wien zerstörte der Stadtbrand von 1258, nur der Turm blieb erhalten. Der ab 1326 erfolgte einschiffige Neubau geht auf den Nördlinger Baumeister Jörg Schiffering zurück. Ab 1667 wurde der Komplex des Deutschordenshauses unter Einbeziehung der gotischen Kirchenarchitektur in die barocke Palastfassade durch Carlo Canevale erneuert. Die Kirche erhielt einen neuen Hochaltar mit einem Bild von Tobias Pock. 1720–25 erfolgte vermutlich unter Anton Erhard Martinelli eine weitere Umgestaltung: der Innenraum wurde durch Abrundung der Ecken und der Flächen zwischen den Wandpfeilern in ein schmales Längsoval mit Rundnischen, das Gewölbe durch Stuckrippen in ein Sterngewölbe verwandelt. 1864–68 wurde die Kirche einer Regotisierung durch Josef Lippert unterworfen. Der romanische Turm erhielt statt der zwischenzeitlichen Barockkuppel einen Spitzhelm. Die barocke Ausmalung des Inneren ging verloren. Bei der Wiederinstandsetzung nach den Zerstörungen des Zweiten Weltkrieges wurden wiederum neugotische Ausstattungsstücke entfernt. Über dem seit 1864 in der Kirche befindlichen gotischen Schnitzaltar ist heute wieder das barocke Altarbild Pocks mit der *Krönung der hl. Elisabeth durch das Jesuskind* (1667) zu sehen. Der Flügelaltar davor wurde ursprünglich 1520 in Mecheln von Jan van Wavere für die Danziger Marienkirche geschaffen. Im geschlossenen Zustand zeigt die Werktagsseite von links nach rechts die Apostel *Andreas*, *Petrus*, *Johannes* und *Jakobus d. Ä.*, im geöffneten Zustand erscheint im geschnitzten Schrein die *Kreuzigung Jesu* zwischen *Geißelung* und *Verurteilung* über der Szene mit der *Dornenkrönung*. Die Flügelgemälde stellen links die *Gefangennahme* und *Jesus vor Pilatus* und rechts die

Grablegung und die *Auferstehung* dar. Die kleinen Flügeltafeln darüber haben die *Kreuztragung* und *Jesus in der Vorhölle* zum Thema. Das Sakramentshäuschen von Johann Hutterer stammt aus der neugotischen Phase. Unter den weiteren Ausstattungsstücken ist, abgesehen von den zahlreichen Wappenschilden der Ritter und einigen Grabplatten, der Cuspinian-Altar mit den *Hll. Anna, Johannes dem Täufer* und *Agnes* zum Gedenken an den Universitätslehrer Johannes Cuspinian und seine beiden Frauen Agnes und Anna (1515, rechts vom Eingang) zu nennen. Links vom Eingang zeigt das Epitaph für Jobst Truchseß von Wetzhausen von Loy Hering den *Abschied Jesu von seiner Mutter* (1524) in Anlehnung an einen Holzschnitt von Wolf Traut. Darüber erscheinen der *Auferstandene*, links davon der *Stifter* und rechts der diesen mit einem Pfeil abschießende *Tod*. Die Grabmäler für Friedrich Graf von Saurau (gest. 1700) von Giovanni Stanetti, für Erasmus (gest. 1729) und Guido (gest. 1737) von Starhemberg nach einem Entwurf des Malers François Roettiers und das Grabmal für Feldmarschall Johann Joseph Philipp Graf von Harrach (gest. 1764), geschaffen nach 1747 vom Tiroler Bildhauer Jakob Schletterer, ergänzen die Ausstattung. In der **Schatzkammer des Deutschen Ordens** im 2. OG des **Deutschordenshauses** werden neben Gemälden – darunter die Porträtgalerie der Hochmeister, die Ordensinsignien, Tafelgerät, Münzen, Medaillen, Siegel, liturgische Gefäße, Rüstungen und astronomische Geräte und die Kunstkammer des Ordenshochmeisters Erzherzog Maximilian III. (1590–1618) mit orientalischen Prunkwaffen und wertvollen Paramenten aufbewahrt, da Wien die Residenz des Deutschen Ordens ist. Die ebenfalls bemerkenswerte Bibliothek ist im 1. OG untergebracht. Mozart hatte im Deutschordenshaus 1781 seinen ersten Wohnsitz in Wien und gab in der freskierten Sala terrena mehrere Konzerte.

Akademie der Wissenschaften (ehem. Universitätsaula;

I D4): Die Gründung der Wiener Universität i. J. 1365, der zweiten deutschsprachigen nach Prag, geht auf Herzog Rudolf IV. zurück. 1425 entstand hier mit dem Vorgängerbau das erste eigenständige Universitätsgebäude. Als die Jesuiten 1623 mit der Reorganisation der theologischen und philosophischen Fakultät betraut wurden, wurden Umbauten vorgenommen und die Universitätskirche errichtet. 1753 kam durch eine Stiftung Maria Theresias die Universitätsaula hinzu. Der Entwurf stammt vom lothringischen Architekten Jean-Nicolas Jadot de Ville-Issey. Seit 1857 ist die ehem. Aula Sitz der Österreichischen Akademie der Wissenschaften. Die frz. geprägte Fassade mit eingestellter Kolonnade, seitlichen Risaliten und reicher Bauplastik entspricht stilistisch dem Übergang vom Barock zum Klassizismus. Die Statuen auf den Risalitgiebeln stellen die Personifikationen der *Medizin* links und der *Jurisprudenz* rechts dar. Auch im Inneren hat sich mit der zentralisierten Säulenhalle, den beiden Stiegenhäusern und dem Festsaal mit Stuccolustro-Ausstattung und Skulpturenschmuck die Gestaltung Jadots erhalten. Das 1961 durch einen Brand zersstörte Deckenfresko von Gregorio Guglielmi (1755) ist nur in einer Rekonstruktion zu sehen. Es zeigt eine Allegorie der vier Fakultäten unter den Medaillons des Herrscherpaares Maria Theresia und Franz Stephan von Lothringen nach einem Concetto des Hofpoeten Pietro Metastasio. Im ehem. Theologiesaal (Johannessaal) stammt das Deckenfresko mit der *Taufe Jesu* von Franz Anton Maulbertsch (um 1756). Im ehem. Ratssaal im 2. OG geht die nur in Bruchstücken erhaltene Allegorie der *Bildenden Kunst* ebenfalls auf Maulbertsch und Kaspar Franz Sambach zurück (um 1759). Im Osten des Platzes beherbergt der im Kern mittelalterliche, 1623–27 und 1725 umgebaute alte Universitätsbau heute die Akademie der Wissenschaften.

Jesuitenkirche Mariae Himmelfahrt (ehem. Universitätskirche; I D4): 1624–31 wurde dem Universitätsneubau ◆

durch eine Stiftung Kaiser Ferdinands II. eine Kirche hinzugefügt, die den Jesuiten übergeben wurde. Deren vermutlich von Giovanni Battista Carlone entworfener Typus wurde schnell für andere Jesuitenkirchen im mitteleuropäischen Raum vorbildlich. Bereits 1703–09 wurde dieser Bau einer eindrucksvollen Erneuerung durch den römischen Jesuitenpater Andrea Pozzo unterzogen. Nach der Auflösung des Jesuitenordens 1773 gehörte die Kirche zeitweilig den Schwarzspaniern und dem Militär, ab 1857 wieder den Jesuiten.

Die zweigeschossige **Doppelturmfassade** mit Giebelaufsatz wirkt mit ihrer Pilastergliederung flächig und streng und entspricht bis auf die durch Pozzo veränderten Turmzwiebeln den Formen des ital. Frühbarocks, jedoch nicht dem Schema von Il Gesù, der Mutterkirche des Ordens. Vorbildfunktion besaß der Salzburger Dom von Santino Solari, der erste barocke Kirchenbau nördlich der Alpen. Der Statuenschmuck aus der Zeit um 1700 stellt oben von links nach rechts die *Hll. Katharina*, *Joseph*, *Leopold* und *Barbara* dar, dem Umkreis Paul Strudels zugeordnet, unten, an römischen Vorbildern orientiert, *Ignatius* und *Franz Xaver*.

Im **Inneren** beeindruckt der Kapellensaal durch seine Einheitlichkeit und seinen großen Prunk; er ist der Umgestaltung durch Andrea Pozzo zu verdanken. Pozzo schloss die ehemals vorhandenen Kapellenfenster, um die Lichtführung im Langhaus zu steigern, reduzierte deren eigenständige Raumwirkung durch Einstellen von Säulen in die Kapellenarkaden und zog darüber nach römischem Vorbild Emporen mit halbrund vorspringender Balustrade ein. Die ehemals gleichförmigen Langschiffwände erhielten so eine rhythmisierende Plastizität. Die Kolossalpilaster wurden einheitlich farbig stuckiert und die Gewölbegurte in Gold gefasst. Der Hochaltar, der das Gebälk des Raumes weiterführt, bildet eine Art Säulenbaldachin mit Krone. Er gilt als der erste Altar in Österreich, der nicht mehr als Ausstattungsstück isoliert zu sehen ist, sondern – typisch für den Hochbarock – als architektonischer Chorabschluss wirkt. Das Baldachinmotiv stellt darüber hinaus (wie auch die z. T. spiralig gewundenen Säulen der Kapellen) einen direkten Bezug zu Rom her, der auf die enge Verbindung des Kaisers des Hl. Römischen Reichs mit dem Bischof von Rom, dem Papst, verweisen soll. Im Eingangsbereich zieht sich eine zweigeschossige Orgelempore über die gesamte Langschiffbreite. An der Decke teilte Pozzo das ursprüngliche Tonnengewölbe in einzelne Bildfelder. Die Deckenfresken wurden allerdings 1832–34 von Peter Krafft z. T. durch Kopien ersetzt. In den mittleren Langhausjochen wird eine Kuppel illusioniert, die dem längsgerichteten Saal eine zentrierende Wirkung entgegensetzt. Durch diese Maßnahmen und die den gesamten Kirchenraum bestimmende Farbgestaltung in schwerem Gold und Stuckmarmor erreichte Pozzo eine vorher nicht bekannte Vereinheitlichung des Raumgefüges, die zur wichtigen Anregung für spätere Raumgestaltungen in Österreich wurde. Thematisch finden sich in der Vorhalle die Personifikationen der theologischen Tugenden *Glaube*, *Hoffnung* und *Liebe* und über der Orgel die *Anbetung der Hirten* als Hinweis auf die Menschwerdung Gottes. Es folgt in einer Öffnung zum Himmel der *Engelssturz* mit alttestamentlichen Szenen in Grisaille. Im Anschluss an die illusionistische Kuppel mit *Religio*, *Justitia* und *Prudentia*, den vier Kirchenvätern als gemalten Skulpturen in den Zwickeln, den Aposteln *Petrus* und *Paulus* über den Seitenwänden als Bild der Kirche und Engeln mit dem Ordensemblem mit dem Namen Jesu (IHS) schweben in einer weiteren illusionistischen Himmelsöffnung lobpreisende Engel herab. In ihren Spruchbändern finden sich Anspielungen auf den Namen Jesu aus dem Psalm 113 (112). Wieder ergänzen alttestamentliche Szenen das Hauptthema. Es folgt im Chor die Darstellung der *Ruhe auf der Flucht* – wie auch die *Anbe-*

tung der Hirten in Form eines »quadro riportato« und auf die Inkarnation zu beziehen – und über dem Hochaltar mit der *Himmelfahrt Mariens* von Pozzo, auf die auch Krone und Baldachin Bezug nehmen, die *Hl. Dreifaltigkeit.* In den Stichkappentonnen der Emporen erscheinen v. a. Tugendpersonifikationen, die vier Evangelisten und Jesuitenheilige. Ebenfalls von Pozzo und seiner Werkstatt stammen die meisten Bilder in den Kapellen, deren Ausstattung einem jesuitisch-gegenreformatorischen Programm folgt. Die Altarbilder und dazugehörigen Seitenbilder stellen, beginnend links neben dem Eingang, im Uhrzeigersinn dar: Die *Mystische Vermählung der hl. Katharina von Alexandria* mit *Feuerprobe der hl. Kunigunde* und *Segnung des hl. Kasimir*, die *Aufnahme des hl. Stanislaus Kostka in den Jesuitenorden* mit *Aloysius von Gonzaga* und drei Jesuitenmärtyrern, den *Erzengel Raphael* als Schutzengel zwischen den *Erzengeln Gabriel* und *Michael*, die *Vision des hl. Ignatius* (19. Jh.) mit Herz-Jesu-Bild von Leopold Kupelwieser (1857) und *Aussendung Franz Xavers* und *Verfassen des Exerzitienbuches durch Ignatius*, den *Tod des hl. Joseph*, dramatischer als das Vorbild von Carlo Maratta aus der Kammerkapelle der Hofburg (heute KHM), mit der *Hl. Familie* und der *Ruhe auf der Flucht* (1964), die *Apotheose des hl. Leopold* mit *Schleierlegende* und *Bau von Klosterneuburg*, die *Hll. Anna, Maria* und *Joachim* mit *Geburt Mariens* und *Anna lehrt Maria lesen* und die *Kreuzigung Christi* mit den vier lateinischen Kirchenvätern und Thomas von Aquin, umgeben von den *Hll. Ivo, Cosmas* und dem *Apostel Thomas.* Die Kanzel mit den Statuen der vier Evangelisten und einem Relief mit der *Taufe Jesu* wird auf dem Schalldeckel von den Statuen der Tugendpersonifikationen *Glaube, Hoffnung* und *Liebe* und dem *hl. Franz Xaver* bekrönt, der einem Heiden die Taufe spendet (um 1705/10). Pozzos Wiener Jesuitenkirche ist so zu einem Schlüsselwerk für die Verbreitung hochbarocker Formen, eines kirchlichen Farbraumes und jesuitisch geprägter Ikonographie nördlich der Alpen geworden.

Heiligenkreuzerhof (I D4): Das Ensemble im Besitz des Stifts Heiligenkreuz ist der bedeutendste erhaltene Stiftshof in der Innenstadt. In Teilen geht es bis auf die Babenberger Zeit zurück. 1659–77 wurde die Anlage unter Abt Clemens Schäffer architektonisch vereinheitlicht und Mitte des 18. Jh.s aufgestockt. Die an die Prälatur anschließende **Bernhardskapelle** von 1662 wurde 1725–30 mit Deckenfresken von Antonio Tassi und Paul Troger – Letzterem wird das Mittelfeld zugeschrieben – und dem Skulpturenschmuck von Giovanni Giuliani (um 1730) ausgestattet. Das Hochaltarbild zwischen den Statuen der *Hll. Leopold* (links) und *Florian* (rechts) mit *Maria erscheint dem hl. Bernhard* stammt von Martino Altomonte (1730).

Dominikanerkirche S. Maria Rotunda (I D4): 1226 wurden die Dominikaner von Herzog Leopold VI. nach Wien berufen. Für 1237 ist eine erste Weihe ihrer Kirche, an der Stadtmauer über dem Wienfluss gelegen, nachweisbar. Ihr Name wurde von einem kleinen, wohl kreisförmigen Vorgängerbau abgeleitet. Um 1300 datiert die Erneuerung des Chors zu einem Langchor, wie er hier erstmals in Österreich auftrat und für andere Kirchen vorbildlich wurde. Im Laufe des 15. Jh.s wurde das Langhaus erneuert. Nach Beschädigungen während der ersten osmanischen Belagerung wurde 1622 ein neues Klostergebäude errichtet, von dem heute nur noch Teile bestehen. 1631–74 folgte auf Veranlassung Kaiser Ferdinands II. auch der Neubau der Kirche in Anlehnung an die römische Jesuitenkirche Il Gesù nach einem Entwurf von Giovanni Giacomo Tencalla. Die Bauausführung lag in den Händen von Jakob J. Spatz, Cipriano Biasino und Antonio Canevale. Der Außenbau in römischer Barocktradition zeigt die im 17. Jh. in Kunstfragen typische Orientierung Wiens an Italien.

Die breitgelagerte **Fassade** weist Kolossalpilaster, ein Ädikulaportal und einen Dreiecksgiebel mit seitlichen Voluten auf. Heute wirkt sie steiler als ursprünglich intendiert: Als der Wienfluss reguliert wurde, wurde die Straße abgesenkt und die Situation 1847–51 durch einen Stufenbau nachträglich verändert. Die Statuen (um 1670) stellen unten die *Hll. Ludwig Bertrand, Maria* zwischen *Katharina von Siena* und *Agnes von Montepulciano* und *Rosa von Lima* dar, oben *Hyacinth* und *Vincenz Ferrer*, und *Albertus Magnus* und *Thomas von Aquin* auf der Attika. Die Ostseite der Kirche zeigt den von Eduard Frauenfeld 1837–40 errichteten neuen Chor.

Das **Innere** in Weiß und Gold wirkt v. a. über die Architektur und die schwere Stuckdekoration. Der saalförmige, durch Kapellen und darüberliegende Emporen ergänzte Bau besitzt ein seichtes Querschiff und eine flache Kuppel. Die Stuckierung dominiert noch über die kleinen Bildfelder – typisch für die Zeit des Frühbarocks. Für diese Ausstattungsform in Wien haben wir hier das bedeutendste Werk. Die Freskierung mit Marianischen Themen geht auf Matthias Rauchmiller (1686) zurück, die *Rosenkranzkönigin* in der Kuppel ursprünglich auf Nikolaus van Hoy (1674) – 1836 wurde sie jedoch von Franz Geyling übermalt. Die Wandmalereien in Chor und Querarmen mit zwei dem gegenreformatorischen Gesamtprogramm der Kirche entsprechenden Schlachtenbildern mit dem *Sieg über die Albigenser* links und dem *Seesieg über die Türken bei Lepanto* rechts vom Hochaltar stammen von Carpoforo Tencalla (1676). In den Querarmen malte Tencalla die Geheimnisse des schmerzreichen Rosenkranzes und Szenen aus dem Leben des hl. Dominikus. Der bedeutende nazarenische Hochaltar (um 1840) mit einer barocken Marienstatue wurde nach einem Entwurf von Carl Rösner gestaltet und enthält Skulpturen von Johann Nepomuk Schaller (1840), ein Altarbild mit der *Einsetzung des Rosenkranzfestes* durch Papst Pius V. und eine Darstellung *Gottvaters im Auszug* von Leopold Kupelwieser (1839). Die mächtigen Querschiffaltäre werden Giovanni Battista Barberini zugeschrieben (um 1665). Das rechte Altarbild zeigt die *Verzückung des hl. Dominikus* (Tobias Pock). Die Nischenfiguren der Vierungspfeiler stellen die vier lateinischen Kirchenväter dar. Die Kanzel beruht auf einem Entwurf von Matthias Steinl (1695). Der Johannes-Nepomuk-Altar gegenüber der Kanzel mit dem Brückensturz des Heiligen wird Lorenzo Mattielli zugeschrieben (1724). Die Fresken der 3. Kapelle rechts mit Szenen aus dem Leben der hl. Katharina von Alexandria stammen wieder von Pock. Die dem hl. Vinzenz Ferrer geweihte Kapelle (2. rechts) bewahrt ein Altarbild mit einer *Totenerweckung durch den hl. Vinzenz* von François Roettiers (1726). Ebenfalls von diesem stammen die Fresken mit Szenen aus dem Leben der hl. Katharina von Siena und deren *Mystische Vermählung* auf dem Altar (um 1720) in der 3. Kapelle. Die Dekoration der dem hl. Thomas von Aquin geweihten Kapelle (2. links) schuf Franz Luycx. Zahlreiche Epitaphe und beachtenswerte Särge in der Gruft ergänzen die qualitätvolle Ausstattung der Kirche.

Falkestraße 6 (I D4): Das historistische Mietshaus erhielt 1983 und 1987/88 einen dekonstruktivistischen Dachaufbau von Coop Himmelblau, der maßgeblich zum internationalen Durchbruch der Architektengruppe Wolf D. Prix und Helmut Swiczinsky beitrug.

Ehem. Postsparkassenamt (I D4): Das von Otto Wagner ◆ 1904–06 erbaute und 1910–12 nochmals erweiterte einstige Hauptgebäude der Österreichischen Postsparkasse gehört zu den Schlüsselbauten der frühen Moderne. Es zeigt Wagners Wandlung von einem dem Historismus verpflichteten Architekten zu einem Wegbereiter des modernen Funktionalismus, ganz seinem Motto entsprechend: »Nichts, was nicht brauchbar ist, kann schön sein.« Kubisch-sachliche Formen bestim-

Postsparkassenamt, Schalterhalle

men den Baukörper, der sich über einem trapezförmigen Grundriss erhebt. Dem zeitgleichen geometrischen Jugendstil – zu dessen Wiener Hauptvertretern auch Wagner gehört hatte – sind die Kränze und die Aluminiumstatuen der Genien von Othmar Schimkowitz verpflichtet, die *Verkehr* und *Sparsinn* symbolisieren sollen, und die zurückhaltenden Baudetails. Auch die wie genietet wirkende Plattenverkleidung der Fassade aus hellgrauem Marmor mit Aluminiumköpfen an den Befestigungspunkten entbehrt nicht eines ornamentalen Charakters, soll jedoch auch das Funktionale und Kostengünstigere gegenüber einem Steinbau sichtbar machen. Das Eingangsportal enthält fünf Doppelflügeltüren zwischen Granitlisenen. Traditionelle Architekturdekorformen lehnte Wagner bei diesem Bau entschieden ab. Insgesamt entspricht die Außenerscheinung dem von ihm propagierten gereinigten »Nutzstil«. Noch sachlicher und funktionaler ist die zentrale Halle, der ehem. Große Kassensaal (über 500 qm) in seiner lichten Weite ohne jegliche Ornamente. Funktion und Bautechnik bestimmen die unverkleidete Konstruktion aus Eisenträgern und Glas. Der Fußboden aus Glasbausteinen lässt auch in das Untergeschoss natürliches Licht. Das damals moderne Aluminium findet sich nicht nur im Dach über dem Haupteingang, in den Statuen, der Inschrift und an den Außenverzierungen, sondern auch bei den Warmluftspendern in der Halle und an Möbelbeschlägen. Dem Jugendstilideal des Gesamtkunstwerks entsprechen die komplett von Wagner entworfenen Ausstattungsobjekte – vom Türgriff über die Heizkörper bis zum Mobiliar. Im Kleinen Kassensaal wird eine Ausstellung zur Baugeschichte und zum Werk Wagners gezeigt.

Griechisch-orthodoxe Kathedrale zur Hl. Dreifaltigkeit (I D4): Der 1787 von Peter Mollner errichtete klassizistische Bau wurde 1861 von Theophil von Hansen durch einen Vorbau mit Pfarr- und Schulhaus in byzantinisierendem Historismus erweitert. Die Ausstattung des Inneren mit Ikonostase gehört hingegen zum Teil noch dem 18. Jh. an.

Synagoge (I D4): Die älteste bestehende Synagoge Wiens entstand 1824/25 nach Plänen Joseph Kornhäusels. Den damaligen Vorschriften entsprechend, denen zufolge nichtkatholische Gottes- oder Gebetshäuser von der Straße aus nicht als solche erkennbar sein durften, wurde sie in einem Innenhof des Hauses der Israelitischen Kultusgemeinde errichtet. Dieser Lage wegen wurde sie später in der Reichskristallnacht nicht zerstört. Allerdings wurde 1938 die Inneneinrichtung beschädigt. Der zentrale Kuppelbau über elliptischem Grundriss mit

Frauenempore im Obergeschoss weist ionische Empiresäulen und eine Kuppel mit Laterne auf.

Seitenstettnerhof (Seitenstettengasse 5, I D4): Das von Joseph Kornhäusel 1825–30 errichtete Mietshaus des Stifts Seitenstetten enthält die 1980/81 von Coop Himmelblau gestaltete **Bar Roter Engel**.

Wohnhaus Joseph Kornhäusel (Seitenstettengasse 2, I D4): 1825–27 errichtete der Architekt hier sein privates Wohnhaus mit Atelierturm in biedermeierlichem Klassizismus.

Die **Ruprechtskirche** (I D4), eine romanische Saalkirche mit Westturm (im 12. Jh. aufgestockt), gilt als die erste Pfarrkirche Wiens. Der Legende nach wurde sie um 740 im Zentrum der sog. Reststadt, dem ehemals römischen Siedlungsgebiet, das die Völkerwanderung überdauert hatte, gegründet (auch Material des alten Römerlagers Vindobona wurde verbaut). Vermutlich erfolgte die Gründung aber eher zwischen 796 und 829 von Salzburg aus – der Name Ruprecht bzw. Rupert macht dies wahrscheinlich. Um 1160 wurde der Bau von Herzog Heinrich II. Jasomirgott den Schotten übergeben. Nach dem Stadtbrand von 1276 erhielt die kleine Kirche einen frühgotischen Chor, um 1360 wurde sie durch den Anbau eines Seitenschiffes an der Südseite erweitert. Aus der nachfolgenden Zeit stammen gotische Veränderungen im Inneren wie die von Kaiser Friedrich III. gestiftete Orgelempore (1439). Die heutige Holzdecke geht auf eine Restaurierung von 1936 zurück. Beachtenswert sind das Mittelfenster im Chor mit dem ältesten Glasfenster Wiens (um 1260/70) mit der *Kreuzigung* und der *Thronenden Maria*, die modernen Glasfenster von Lydia Roppolt (1993), eine Holzfigur der *Madonna auf der Mondsichel* (um 1510) am 1. Pfeiler, eine Holzfigur des *Hl. Rupert* (um 1370) und ein Relief mit dem *Hl. Rupert* (um 1590), dem Patron von Salzburg, am 2. Mittelpfeiler. Im Seitenschiff rechts hat sich ein Taufstein von 1500 mit späterem Kupfereinsatz erhalten.

Vom Hohen Markt über Maria am Gestade und die Freyung zum Minoritenplatz

Hoher Markt (I C4): Hier befand sich einst das Zentrum des römischen Castrums, an das die Ruinenstätte im Römermuseum (Nr. 3, s. S. 200) erinnert. Die rechteckige Platzgestalt dürfte jedoch auf das 13. Jh. zurückgehen, als hier, auf dem ältesten Platz Wiens, das Zentrum des öffentlichen Lebens war und der Hauptmarkt abgehalten wurde. Die heutige Bebauung stammt v. a. aus dem 19. Jh. und der Zeit nach dem Zweiten Weltkrieg. Die **Ankeruhr** zwischen den Gebäudeteilen des Ankerhofs (Nr. 10–11) der gleichnamigen Versicherung ist eines der bekanntesten Jugendstildenkmäler Wiens; sie wurde 1911–17 nach einem Entwurf von Franz von Matsch in den Formen der Wiener Secession gestaltet. Die Figuren aus bemaltem Kupferblech stellen Persönlichkeiten der Wiener Geschichte dar und paradieren um 12 Uhr mittags am Zifferblatt vorbei. Der **Vermählungsbrunnen** (auch Josephsbrunnen) geht auf einen Entwurf von Johann Bernhard Fischer von Erlach zurück; 1706 wurde er in Holz ausgeführt – erst 1729–32 konnte der Sohn Joseph Emanuel eine dauerhafte Variante in vereinfachter Form verwirklichen. Antonio Corradini schuf die Gruppe mit dem Hohepriester, der Joseph mit Maria vermählt, und die Engel. Die Brunnenbecken werden Lorenzo Mattielli zugeschrieben. Anlass für die Errichtung des Brunnens war ein Gelübde, das Kaiser Leopold I. 1702 für die glückliche Heimkehr seines Sohns Joseph aus einem Feldzug gegen den frz. König während des Spanischen Erbfolgekrieges abgelegt hatte.

Zacherl-Haus (Brandstätte 6, I C4): Das ehem. Wohn- und Geschäftshaus des Fabrikanten Johann Evangelist Zacherl ist ein bedeutendes Beispiel der Wiener Moderne. Es wurde 1903–05 nach Plänen von Josef Plečnik, einem aus Slowenien stammenden Schüler Otto Wagners, als Eisenbetonbau errichtet.

Vorgehängte graue Granitplatten, vertikale Bänder und das ornamentierte Dachgesims sind die Hauptgliederungselemente der gekrümmten Fassade. Die Atlanten unter dem Dachansatz stammen von Franz Metzner, der *Hl. Michael* an der Fassade von Ferdinand Andri (1909). Im weitgehend original erhaltenen Inneren sind das Foyer und das Treppenhaus beachtenswert.

Zum Sommer (Wien Museum Neidhartfresken; Tuchlauben 19, I C4): Im Festsaal des Hauses sind die ältesten profanen Wandmalereien Wiens zu besichtigen, die sog. **Neidhartfresken.** Dargestellt sind Szenen aus dem Leben und den Dichtungen des Minnesängers Neidhart von Reuental. Die von der böhmischen Malerei beeinflussten Fresken wurden Ende des 14. Jh.s von dem Tuchhändler Michel Menschein in Auftrag gegeben.

Altes Rathaus (I C4): König Friedrich der Schöne schenkte den ersten Bau 1316 dem Stadtrat. Durch Einbeziehung jüdischer Nachbarhäuser nach der Wiener Geserah (1421) entstand der Kernbau des heutigen Komplexes. Nach weiteren Umbauten bekam der Bau 1706–08 eine hochbarocke Fassade. Sie ähnelt stilistisch Arbeiten Fischer von Erlachs, kann aber mangels Quellen nicht zugeordnet werden. Die Personifikationen von *Justitia* und *Clementia* auf dem Portal links sind 1708 datiert. 1780 wurde der Komplex im Osten erweitert – die Portalskulpturen der *Fides publica* und der *Pietas* stammen von Johann Martin Fischer (1781) –, 1822 im Westen. Bis zur Übersiedlung in das Neue Rathaus 1883 gab es noch weitere Umbauten. Besondere Beachtung verdient der Andromeda-Brunnen im Hof mit dem Perseus-und-Andromeda-Bleirelief von Georg Raphael Donner (1741). Im Inneren des Rathauses sind in den Prunkräumen Stuckarbeiten, u. a. von Albert Camesina, und Deckenmalereien aus der Zeit um 1700 erhalten. Neben Amts- und Repräsentationsräumen beherbergt das Gebäude das Do-

Georg Raphael Donner, Andromeda-Brunnen, 1741.
Altes Rathaus, Wien

kumentationsarchiv des Österreichischen Widerstands und das Bezirksmuseum Innere Stadt. Zum Komplex gehört auch die **Salvatorkapelle** (Altkatholische Kirche; I C4). Der ursprünglich Ende des 13. Jh.s als private Hauskapelle errichtete und Maria geweihte kleine Kirchenraum diente ab 1316 dem Rathaus als Kapelle. 1515 wurde das Patrozinium geändert. Bis 1546 wurde der Bau durch einen nördlichen Anbau mit einem spätgotischen Netzrippengewölbe und Maßwerkfenstern zu einem Komplex aus zwei unterschiedlichen Kapellen erweitert. Von 1515–19 stammt das schöne Renaissanceportal, dessen Tympanon mit den bewegten Halbfiguren von Christus und Maria der Kriechbaum-Werkstatt (um 1516/20) zugeschrieben wird. Formal entspricht das Portal einem in Oberitalien verbreiteten Ädikulatypus. Es war zugleich Eingang zum Kirchenraum und zum Rathaus und ist deshalb mit Wappen und Trophäen geschmückt. Die *Kreuzigung Christi* im klassizistischen Kreuzaltar (3. Viertel 18. Jh.) im Inneren der Kapelle wird Christian Schwarz zugeschrieben (um 1650); das Altarbild mit *Christus Salvator* im klassizistischen Salvator-Altar stammt von Johann Maydinger (1795).

Ehem. Böhmische Hofkanzlei (I C4): Der heutige Verfassungs- und Verwaltungsgerichtshof wurde 1708/09–14 von Johann Bernhard Fischer von Erlach (der Bau gilt als eines seiner Hauptwerke) als Hofkanzlei für das Königreich Böhmen errichtet. Unter Maria Theresia wurde er 1751–54 von Mathias Gerl im Westen um zehn Fensterachsen erweitert und zum Judenplatz, dem zentralen Platz des alten Ghettos, mit einer neuen Rückfassade versehen. Weitere Veränderungen, v. a. im Inneren, folgten im 19. Jh., doch hat der Bau im östlichen Teil Fischers Formensprache bewahrt. Der flache dreiachsige Mittelrisalit mit Kolossalordnung, Dreiecksgiebel, Atlantenhermen, reichen Fensterbekrönungen, Statuenschmuck und den Wappen Böhmens, Mährens und Schlesiens an der ehem.

Hauptfassade in der Wipplingerstraße folgt der Tradition des adeligen Palastbaus. Der plastische Schmuck wird Lorenzo Mattielli und seiner Werkstatt zugeschrieben.

Maria am Gestade (Redemptoristenklosterkirche Mariae Empfängnis; I C4): Ihren Namen verdankt diese Kirche ihrer ehem. Lage an der mittelalterlichen Stadtmauer am Steilabhang der Donau. Eine romanische Vorgängerkapelle des heutigen Baus wurde um 1158 von Herzog Heinrich II. Jasomirgott dem von ihm gegründeten Schottenkloster geschenkt, brannte jedoch 1262 nieder. Die Kapelle wurde wiedererrichtet und erhielt 1332–50 durch den damaligen Besitzer Greif den heutigen Chor. 1357 wurde der gesamte Besitz mit Pfarrhof und Palast an den Bischof von Passau verkauft und zum Sitz des bischöflichen Offizials für Österreich (Passauer Hof). Nach einem weiteren Besitzerwechsel erfolgte 1394–1414 der bedeutende Langhausbau unter dem herzoglichen Baumeister Michael (früher Michael Chnab genannt), der auch am Stephansdom tätig war. 1409–1783 unterstand der gesamte Komplex wieder dem Bistum Passau. 1786 wurde die Kirche entweiht, 1802 in Staatsbesitz übergeführt und 1809 unter Napoleon zum Pferdestall. 1812 erneut geweiht, wurde der Bau 1817–20 unter der Leitung von Franz Cerini renoviert, den Redemptoristen übergeben und zur tschechischen Nationalkirche. Nach neugotischen Veränderungen im Inneren erfolgten 1890–1904 Erneuerungen am Außenbau. Topographisch bedingt ist das Langhaus der Kirche schmaler als der Chor und schließt mit einem leichten Knick an diesen an. Auch der imposante Treppenaufgang ist der Lage zu verdanken.

Die schmale **Fassade** mit Figurenportal, einem kuppelartigen Baldachin und figurengeschmücktem Giebel strebt steil nach oben. Vom Skulpturenschmuck gehen auf die Zeit um 1400 jedoch nur die Prophetendarstellungen in der Laibung, die Halbfigurenreliefs *Johannes der Täufer* und *Johannes der*

Evangelist und die Engel des Westportals zurück. Neben den Skulpturen von Franz Erler ist auch das Mosaik des Westportals eine neugotische Arbeit von Albert Neuhauser. Das Portal an der Südflanke mit Engelsfiguren von etwa 1500 ist wie das Westportal mit einem Baldachin bekrönt. Der Relief- und Statuenschmuck hier stammt ebenfalls vom Ende des 19. Jh.s. Das südliche Doppelportal zum Chor bewahrt noch die qualitätvollen Tympanonskulpturen einer *Marienkrönung* und einer *Schutzmantelmadonna* aus der Zeit um 1350/60. Der siebeneckige und siebenstöckige filigrane Turm am Übergang vom Langhaus zum Chor, bereits im 14. Jh. geplant, aber erst nach einer kurzen Bauphase um 1398 ab 1419–29 errichtet, ist ein Werk von Baumeister Michael. Sein reich durchbrochener, mit Krabben besetzter und zu einer kuppeligen Haube zusammengefasster Helm, der den preziösen Formen der Internationalen Gotik verwandt ist, gehört zu den Hauptwerken der gotischen Architektur in Wien.

Im langgestreckten schmalen und dunklen **Inneren** des Langhauses fallen das reiche Wandrelief, die fein profilierten Bündelpfeiler, die Baldachinfiguren und die westliche Empore (um 1515) auf, ebenso die Verschmelzungen von Fensterrahmungen und Dienstbündeln der Wände. Als Raumabschluss schuf Meister Michael hier in Weiterentwicklung der Gewölbeformen Peter Parlers im Prager Veitsdom das erste vollständige Netzgewölbe auf österr. Boden; der ältere, breitere und von Licht erfüllte Langchor hingegen steht mit seinem einfachen Kreuzrippengewölbe in der Tradition der Bettelordensarchitektur. Große Teile der Einrichtung gehen auf die Umgestaltung durch Franz Cerini und Friedrich von Klinkowström i. J. 1820 zurück. Von den Baldachinstatuen auf gotischen Blattkonsolen stammen nur die hervorragenden Skulpturen von *Maria* und dem *Verkündigungsengel*, von *Johannes dem Täufer*, *Petrus* und zwei heiligen Königen im Mittelteil der

Kirche aus der Zeit um 1365. Sie zählen zu den bedeutendsten hochgotischen Skulpturen in Österreich. Die Baldachine selbst besitzen große Ähnlichkeit zu jenen in St. Stephan. Die meisten übrigen Baldachinstatuen sind Werke aus der Zeit um 1820. Auf dem Triumphbogen hat sich die Bauinschrift von 1414 erhalten. Die Glasmalereien der beachtenswerten Chorfenster hinter dem neugotischen Altar von Thomas Marzik (1845/46) mit spätgotischem Kruzifixus und barocker Strahlenkranzmadonna sind aus erhaltenen Teilen zusammengesetzt worden (um 1420). Die seitlich angebrachten beiden Flügel des ehem. Hochaltares (um 1460) mit der *Verkündigung* und der *Krönung Mariens* auf den Vorderseiten und *Christus am Ölberg* und der *Kreuzigung* auf den Rückseiten gehören zu den Hauptwerken der spätgotischen Malerei in Wien. Die weitere Chorausstattung entstammt dem 19. Jh. In den beiden seitlichen Kapellen zwischen Langhaus und Chor ist die südliche dem hl. Clemens Maria Hofbauer geweiht, dem zweiten Stadtpatron von Wien (1820 hier beigesetzt), der die Redemptoristen nach Österreich brachte; zu seinem Kreis gehörten Romantiker wie Friedrich und Dorothea Schlegel, Clemens Brentano, Joseph von Eichendorff und Zacharias Werner. Zur Ausstattung der Kapelle gehört auch das Hornberger-Epitaph (1462). In einer Kapelle an der Chornordseite befindet sich der für diesen Raum geschaffene Perger-Altar, ein gefasster Renaissance-Steinaltar (um 1520) mit der *Gottesmutter* zwischen *Johannes dem Evangelisten* und dem *Hl. Nikolaus* über der originalen Mensa.

Judenplatz (I C4): Hier, in der Nähe der herzoglichen Residenz, befand sich einst die mittelalterliche Judenstadt. Im 13. und 14. Jh. gab es in Wien mit zahlreichen Gelehrten die vielleicht bedeutendste jüdische Gemeinde überhaupt. Unter Herzog Albrecht V. kam es jedoch 1421 zur sog. Wiener Geserah, einer systematischen Vernichtung bzw. Vertreibung der Juden. Architektonisch ist neben Barockhäusern und der Rückseite der Böhmischen Hofkanzlei v.a. das Haus **Zum großen Jordan** (Nr. 2) beachtenswert, dessen Fassadenrelief die *Taufe Jesu* und eine Inschrift als Anspielung auf die Judenvertreibung zeigt. Das Haus war in den Jahren vor der Geserah erbaut worden und enthielt vielleicht auch die jüdische Badestube. Im Misrachi-Haus (Nr. 8) befindet sich der **Standort Judenplatz des Jüdischen Museums**, in dem Dokumente zur Wiener Judenstadt im Mittelalter, zur Schoa und Fundamente der 1420/21 zerstörten Synagoge zu sehen sind. Auf dem Platz selbst stehen das Denkmal für Gotthold Ephraim Lessing – wegen dessen Eintreten für Toleranz – von Siegfried Charoux (1935; 1938 wurde es unter der Naziherrschaft abgetragen, 1982 in einem Neuguss von 1968 wieder am ursprünglichen Platz aufgerichtet) und das Denkmal für die Opfer des Holocaust von Rachel Whiteread (1996–2000).

Kirche Am Hof zu den neun Chören der Engel (I C4): Um 1155 errichtete hier im Bereich des ehem. römischen Militärlagers Heinrich II. Jasomirgott seine Residenz. Im Norden davon siedelten sich in der Folgezeit die Juden an – (sie unterstanden dem Schutz des Landesherrn). 1386–1403 wurde die alte Münzhofkapelle der mittlerweile verlegten Residenz durch einen Kirchenneubau der Karmeliter ersetzt, für den um 1440 auch der berühmte Albrechtsaltar gestiftet wurde (heute im Stift Klosterneuburg). Während der Reformation verfiel das Kloster, und so vermachte Kaiser Ferdinand I. 1554 den Komplex den Jesuiten als deren erste Kirche in Wien. Nach einem Brand baute man, vermutlich unter der Leitung von Giovanni Battista Carlone, 1607–48 Seitenkapellen an, barockisierte das Innere und errichtete das Professhaus neu. 1657–62 erfolgte die Fassadenerneuerung mit ihren seitlichen Flügeln und der mittigen Eingangshalle, und die Leopoldskapelle kam hinzu. Anschließend wurde durch eine Stiftung von Katharina Ursula Gräfin von Abensberg-Traun die Chorgruft errichtet. 1709 wurde der Hochaltar durch Andrea Pozzo erneuert – heute ist er nur noch in Fragmenten erhalten. Nach der Aufhebung des Jesuitenordens 1773 diente die Kirche als Garnisons- und Pfarrkirche und das Klostergebäude als Hofkriegskanzlei. Franz Anton Hillebrand nahm damals Veränderungen an der Fassade vor. 1798 gestaltete Johann Aman den Chorbereich in klassizistischem Stil neu. 1913 fielen das Klostergebäude und 1960 auch noch der ehemals rechts an die Fassade anschließende Raum der Maria-Himmelfahrts-Kongregation von 1625 einem Neubau der Länderbank zum Opfer. Die bemerkenswerte frühbarocke Fassade, gestiftet von Eleonora von Gonzaga, der Witwe von Kaiser Ferdinand III., wird dem Architekten Filiberto Lucchese zugeschrieben. Der Bau ist in ungewöhnlicher Weise in die Tiefe statt nach vorne gestaffelt und verbindet das Konventsgebäude, das bereits nach dem Brand weit über die Kirche hinaus auf den Platz vorgezogen war, mit der Bauflucht des links angrenzenden Palais Collalto. Der Altan vor dem Sockelgeschoss der Kirche wurde als Benediktionsloggia, möglicherweise aber auch als Musiktribüne für das Jesuitentheater genutzt und war auch Schauplatz feierlicher Staatsakte wie der Proklamation der Auflösung des Hl. Römischen Reichs (1806).

Als alle Bauteile zusammenschließendes Instrumentarium der **Schauseite**, die sowohl Elemente der Kirchen- als auch der Palastarchitektur vereint, dienen mehrfach profilierte Pilaster toskanischer Ordnung, Segmentgiebel, Statuen und als zentraler Abschluss ein Dreiecksgiebel. Die starken Vorsprünge verleihen der Fassade genauso wie das stark verkröpfte mächtige Gebälk Plastizität und Würde. Die Statuen in den unteren Nischen stellen die Jesuitenheiligen *Francisco de Borja*, *Ignatius von Loyola*, *Franz Xaver* und *Aloysius von Gonzaga* dar, die Statue in der Giebelnische den *Evangelisten Johannes*. Die Aufsatzfiguren sind die Repräsentanten der neun Engelschöre mit der bekrönenden Figur der *Muttergottes* als ihrer Königin.

Im **Inneren** hat sich die gotische Hallenstruktur des querhauslosen Baus unter dem barocken Stuckmantel erhalten. Die gotischen Formen des für die Bettelordenskirchen des Mittelalters charakteristischen Langchores sind außen vom Schulhof aus noch gut zu erkennen. Innen dominiert dagegen neben barocken Werken die klassizistische Ausstattung mit kassettierter Tonnenwölbung und dem Hochaltar mit *Maria als Königin der Engel* von Johann Georg Däringer (1798). Vom ehem. Hochaltar Andrea Pozzos mit *Mariae Himmelfahrt* (1709) sind einzelne Teile an der Südwand erhalten. Der Marienaltar links vor dem Chor mit Pfingstdarstellung, den Aposteln *Petrus* und *Paulus* an den Seiten und einer *Himmelfahrt Mariens* im Aufsatz stammt größtenteils von 1764, der Kreuzaltar rechts vor dem Chor mit dem *Gekreuzigten* und *Maria Magdalena* im Zentrum, *Maria* und *Johannes* auf den seitlichen Konsolen von 1816. Von den übrigen Ausstattungsstücken sind zu nennen: ein Deckenfresko von Franz Anton Maulbertsch mit der *Verherrlichung des hl. Franziskus Regis* (1753), der Altar von Jacob Gabriel Mollinarolo und das Altarbild der *Hl. Barbara vor der Gottesmutter* von Daniel Gran (2. Kapelle links), ein *Martyrium des hl. Bonifatius* von Johann Georg Schmidt (1719), ein Votivbild mit der *Kreuzigung Jesu* und Angehörigen der kaiserlichen Familie vom Hofmaler Franz Luycx (um 1663, 3. Kapelle links), ein Bild des *Hl. Johannes von Nepomuk* von Martin Johann Schmidt, genannt Kremser Schmidt (1777, 4. Kapelle links) und die *Vermählung Josephs und Marias* von Joachim von Sandrart (um 1654, 2. Kapelle rechts). Die klassizistische Kanzel wird um 1800 datiert. Die zweigeschossige Orgelempore bewahrt noch das alte spätbarocke Spielwerk und den Orgelprospekt von 1763. Unter dem Chor befindet sich die alte Jesuitengruft (1662), unter den Seitenkapellen liegen Adelsgrüfte.

Die **Mariensäule** auf dem Platz vor der Kirche stiftete das Kaiserhaus 1645 anlässlich der Bedrohung Wiens durch die

Schweden. Die Bronzestatue der *Immaculata* ist eine Gusskopie von Balthasar Herold (1664–67) von der ursprünglichen Marmorstatue von Johann Jakob Pock (1646, Original im Schloss Wernstein, Oberösterreich). Der Sockel stammt von Carlo Martino Carlone und Carlo Canevale. Hinter dem Chor der Kirche erstreckt sich der Schulhof, ein schöner geschlossener Platz mit Fassaden aus der Zeit um 1700 – der Name wurde vom nahe gelegenen ehem. Judenplatz übernommen (Schul = Betstube).

Ehem. Bürgerliches Zeughaus (I C4): Die Fassade der heutigen Wiener Feuerwehrzentrale geht auf einen Entwurf von Stadtbaumeister Anton Ospel von 1731/32 zurück. Über dem Giebel mit dem Doppeladler halten dem Wahlspruch Kaiser Karls VI. gemäß die Personifikationen der Tugenden *Constantia* (Beharrlichkeit) und *Fortitudo* (Stärke) einen goldenen Globus. Der gesamte Skulpturenschmuck ist ein Werk Lorenzo Mattiellis.

Merkleinsches Haus (Am Hof 7, I C4): Das nach einem Entwurf von Johann Lucas von Hildebrandt von Leopold Giessl 1730 erbaute Bürgerhaus mit schöner, wenn auch später etwas veränderter Fassade birgt heute ein Feuerwehrmuseum, das die Geschichte der Wiener Brandbekämpfung veranschaulicht.

Freyung (I C4): Der Name dieses Areals, das ursprünglich zum Schottenstift gehörte, erinnert an die Befreiung von der landesfürstlichen Gerichtsbarkeit, die dem Stift 1181 zusammen mit dem Asylrecht gewährt wurde. 1846 wurde hier zu Ehren Kaiser Ferdinands I. durch die Wiener Bürgerschaft der romantisch-klassizistische **Austria-Brunnen** errichtet, nach einem Entwurf von Ludwig Schwanthaler und ausgeführt von Ferdinand Miller: Über einem künstlichen Felsgestein, aus dem das Wasser strömt, erheben sich die Hauptflüsse des damaligen Kaiserreichs Österreich – *Donau, Po, Elbe* und *Weichsel*. Beherrscht wird diese Gruppe von der Personifikation *Austrias* mit Mauerkrone, Lanze und Wappenschild. Das bedeutende Ausstellungshaus **Bank Austria Kunstforum Wien** (Nr. 8) im neoklassizistischen Bau der ehem. Österreichischen Creditanstalt für Handel und Gewerbe besitzt seit 1989 eine postmoderne Portalgestaltung von Gustav Peichl.

Ehem. Länderbank (I C4): Als Wettbewerbssieger für das Amtsgebäude der Länderbank ging 1882 Otto Wagner hervor. Er errichtete 1883/84 einen halbkreisförmigen Baukörper mit Innenhof – trotz der ungünstigen Form des Grundstücks gelang es ihm in kongenialer Weise, dass es in allen Arbeitsräumen Tageslicht gibt. An der Hoffassade verzichtete er in bereits moderner Weise auf jeden Dekor. Die Hauptfassade und die Innenraumfolge mit der zentralen Schalterhalle inszenierte er dagegen geschickt in Neorenaissanceformen. Dabei kamen jedoch auch Neuerungen wie Glasfußböden, Glasdecken und Leichttrennwände für nachträgliche Veränderungsmöglichkeiten zum Einsatz. Der zugleich historistische und sachlich funktionale Bau war Wagners erste Auseinandersetzung mit der Moderne und der wichtigste Vorläufer für sein späteres Postsparkassengebäude.

Das **Palais Schönborn-Batthyány** (Renngasse 4, I C4) wurde 1699–1706 für Adam Graf Batthyány nach Plänen Johann Bernhard Fischer von Erlachs in der Tradition ital. Barockpaläste erbaut. 1740 ging es in den Besitz der Grafen Schönborn über und erhielt eine neue Rokoko-Innenausstattung. In für Fischer charakteristischer Weise und von Vorbildern Berninis angeregt ist der Mittelrisalit im Gegensatz zu den schlichten Seitenflügeln akzentuiert: mit unten konisch zulaufenden Kolossalpilastern, einem durch Säulen und Diadembekrönung betonten Portal und erhöhtem Mittelfenster und ehedem auch durch eine Statuenbalustrade als Abschluss.

Schottenkirche und Kloster (Kirche Mariae Himmelfahrt; I C4): Die Bendiktinerabtei Unserer Lieben Frau zu den Schotten, das älteste Kloster Wiens, wurde 1155 unmittelbar vor den Mauern der Stadt von Heinrich II. Jasomirgott als herzogliches Eigenkloster der Babenberger gegründet. Die Kirche sollte als Grablege des Herrscherhauses in der neuen Residenzstadt dienen. Der Bau wurde als dreischiffige romanische Pfeilerbasilika mit zwei Türmen und Westempore errichtet (Schlussweihe i. J. 1200), vergleichbar der babenbergischen Stiftung Klosterneuburg. Die iroschottischen Mönche berief Heinrich allerdings aus dem Kloster St. Jakob in Regensburg. Die alten Wiener Kirchen St. Peter, St. Ruprecht und die Vorgängerkapelle von St. Maria am Gestade wurden den Schotten überantwortet. Als Heinrich II. Jasomirgott 1177 an den Folgen eines Sturzes vom Pferd starb, wurde er unter dem Presbyterium beigesetzt. Heinrichs zweite Frau Theodora Komnena und seine Tochter Agnes von Österreich ruhen ebenfalls dort. Ab 1365 stellte das der Wissenschaft sehr zugetane Kloster zahlreiche Lehrende der neuen Universität. 1418 wurde das Kloster von dt. Benediktinern aus Stift Melk übernommen. Zu Beginn des 14. Jh.s wurde die Kirche gotisch erneuert, in den Jahren 1446–49 wurden Chor, Mittelschiff und Fassade verändert. Nachdem der Vierungsturm eingestürzt war, erfolgte 1641–87 eine umfassende Barockisierung, die den heutigen Bau bestimmt, jedoch im Mauerwerk auch noch Teile der alten Kirche bewahrt. Die Baumeister waren Marco II. Spazio, Antonio Carlone (Choranlage), Andrea d'Allio d. Ä. und d. J. (Langhaus und Westfassade) und Silvestro Carlone. Der Chor erhielt nun einen geraden Schluss, 1694 wurde im Osten ein hoher Turm mit Zwiebelhelm angefügt. Die niedrigen Doppeltürme im Westen mit Abschlüssen von 1893 entstammen der Zeit um 1732. Sie umrahmen den zweigeschossigen Mittelrisalit der pilastergegliederten Giebelfront. Als Vorbild für den Entwurf, der Filiberto Lucchese zugeschrieben wird, diente die Wiener Jesuitenkirche. Die *Gottesmutter* in der Nische über dem Portal stammt von Tobias Kracker (1651). In den beiden seitlichen Nischen finden sich die Statuen des *Hl. Gregor* (links) und des *Hl. Benedikt* (rechts), auf dem Dreiecksgiebel der *Erzengel Michael*. Die südliche Außenwand des Langhauses wurde im 19. Jh. historisierend dekoriert. An der Querschiffmauer befindet sich das Denkmal für Herzog Heinrich II. Jasomirgott von Josef Breitner (1893).

Im **Inneren** wirkt der Raum breit gelagert. Der tonnengewölbte und mit Pilastern gegliederte Saal mit Seitenkapellen und Emporen, die bemerkenswerte Stuckierung und Teile der Freskierung durch Tobias Pock (1649) gehen auf die Barockisierung des 17. Jh.s zurück. Die Deckenmalereien von Julius Schmid (1887–89) stammen jedoch aus der Zeit der Umgestaltung des Kircheninneren durch Heinrich von Ferstel in Neorenaissanceformen (1883–87). Der bedeutende spätgotische Flügelaltar (heute im Stiftsmuseum) wurde durch einen historistischen Hochaltar (1883) ersetzt. Ebenso sind Seitenaltäre und Kanzel Werke des 19. Jh.s. In diesen Altären befinden sich jedoch größtenteils wieder die ursprünglichen Barockbilder. Die Seitenaltäre am Triumphbogen schmücken eine *Kreuzigung* (1654, links) und der *Abschied der Apostel Petrus und Paulus* (1652, rechts) von Joachim von Sandrart. Im linken Querschiffaltar befindet sich eine *Himmelfahrt Mariens* von Tobias Pock (1655). Ebenfalls von Pock wurden das *Martyrium des hl. Sebastian* (1649/50) im rechten Querschiffaltar und der *Tod des hl. Benedikt* in der angrenzenden Seitenkapelle gemalt. Am mittleren rechten Langhauspfeiler ist das Grabmal von Ernst Rüdiger Graf Starhemberg (um 1725), der Wien bei der zweiten osmanischen Belagerung verteidigte und in der Fürstengruft beigesetzt ist, besonders beachtenswert. Es geht auf einen Entwurf Joseph Emanuel Fischer von Erlachs zurück. Die freigelegte Kapelle südlich des Chors weist die romanischen Formen der ursprünglichen Erbauungszeit auf und bewahrt die bereits um 1250 als Gnadenbild verehrte Statue von *Unserer Lieben Frau zu den Schotten* (Ende 12. Jh.).

Vom alten Klostergebäude aus den Bauphasen von 1443, 1638–81 und 1723–55 ist nur wenig erhalten geblieben. Die heutige, um mehrere Höfe gruppierte Stiftsanlage, der **Schottenhof**, wurde größtenteils 1826–32 vom Wiener Biedermeierarchitekten Joseph Kornhäusel in klassizistischen Formen erbaut. Vor dem Neuen Konventgebäude errichtete Kornhäusel einen ionischen Säulenportikus, der über ein klassizistisches Vestibül zur Aula, zum Refektorium und zur Stiftsbibliothek mit ihrem bedeutenden Bestand führt. Der elegante Saal Kornhäusels (1830/31) besitzt eine ionische Säulenkolonnade, im Tonnengewölbe Grisaillemalereien von Franz Weiner und über dem Haupteingang zwei Reliefs von Josef Klieber (1773–1850) mit der von Wissenschaften und Künsten umgebenen Personifikation des Glaubens und den Genien von Wissenschaft und Kunst. In den weiteren Prunkräumen des Klosters ist dessen bedeutende Gemälde- und Kunstsammlung ausgestellt (s. Museum im Schottenstift, S. 198). Im ebenfalls zum Kloster gehörenden sog. Schubladkastenhaus von Andreas Zach in josephinischem Klassizismus (1774), dem ehem. Prioratshaus, hat sich eine klassizistische Apothekeneinrichtung erhalten.

Melkerhof (I C4): Der bereits 1438 entstandene Wiener Sitz der Äbte von Stift Melk wurde 1769–74 durch Josef Gerl in klassizistischen Formen neu gestaltet. Die ursprünglich 1514 errichtete Kapelle erhielt Rokokoformen. Die Deckengemälde mit der *Glorie der Himmelskönigin* im Hauptfeld stammen von Johann Baptist Wenzel Bergl. Die Altarbilder *Mariae Himmelfahrt* am Hochaltar, das *Martyrium des hl. Koloman* (links) und der *Tod des hl. Benedikt* (rechts) in den Seitenaltären schuf Martin Johann Schmidt, genannt Kremser Schmidt (1773).

Das **Palais Daun-Kinsky** (Freyung 4, I C4), eines der

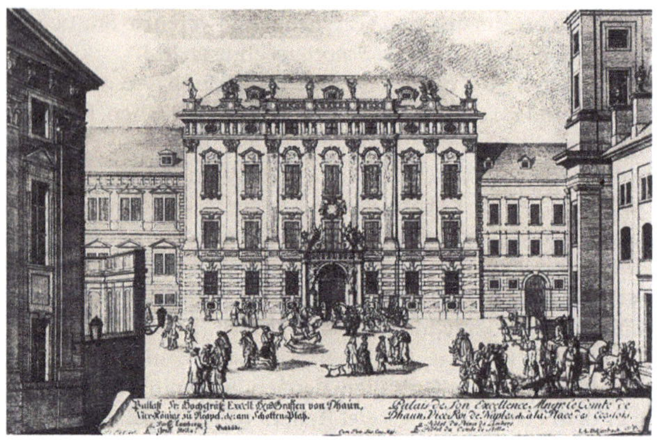

Palais Daun-Kinsky. Zeitgenössischer Stich
von Johann Adam Delsenbach

Hauptwerke Johann Lucas von Hildebrandts und des barocken Wien, entstand 1713–16 für Reichsgraf Wirich Philipp Daun; ab 1777 war es nach mehreren Wechseln im Besitz der Fürsten Kinsky. 1798–1800, ab 1856 und ab 1874 erfolgten Veränderungen. Die nur sieben Achsen breite reiche Prachtfassade akzentuierte Hildebrandt durch einen flachen Risalit mit Attikabekrönung und üppig geschmückten, konisch zulaufenden Pilastern. Der Verzicht auf eine Säulenordnung gemäß den klassischen Regeln ist typisch für Hildebrandt. Die Fassade geht vom Optisch-Dekorativen aus und ist in flüssig bewegten Formen gestaltet – damit zeigt das Palais klar den Unterschied von Hildebrandts mehr bildhafter Gestaltung zu Fischers tektonischer, spannungsreicher und auf Kontrasten aufbauender Architekturauffassung. Der plastische Fassadenschmuck mit Atlanten und Personifikationen von *Prudentia* (links) und *Justitia* (rechts) wird

Joseph Kracker zugeschrieben. Beachtenswert sind auch die Eingangshalle und das Vestibül mit mythologischem Skulpturenschmuck von Kracker (u. a. Eingangshalle: *Pan und Syrinx*, *Venus und Aeneas*, *Raub der Sabinerinnen*, Vestibül: *Apoll und Daphne*, *Aurora*, *Diana*, *Herkules*) und die vermutlich von Antonio Beduzzi entworfene Prunkstiege mit Statuen von Lorenzo Mattielli und Fresken von Carlo Innocenzo Carlone und Beduzzi. In den Prunkräumen finden sich Deckenmalereien von Carlone und Marcantonio Chiarini.

Palais Porcia (Herrengasse 23, I C4): Der Kern datiert um 1300, der Renaissancebau ins 16. Jh. Um 1700 wurde er durch Domenico Martinelli erweitert und barock verändert. Im Hof sind Reste der Renaissancearkaden zu sehen.

Das **Palais Harrach** (Freyung 3, Herrengasse, I C4) entstand 1689–96 aus dem Umbau älterer Häuser und zählt zu den Gründungsbauten des Wiener Hochbarock. Es geht auf Domenico Martinelli und Christian Alexander Oedtl zurück, erfuhr aber im 18. Jh. spätbarocke Veränderungen; um 1850 wurde es durch Franz Beer erneut verändert. Nach Kriegsschäden und vereinfachtem Wiederaufbau erscheint das Palais seit der Restaurierung von 1990–95 mit rekonstruierter Fassade. 1991–94 wurden Teile der hier verlaufenden römischen Limesstraße freigelegt (Fundstücke in der Vitrine in der Passage zur Herrengasse). Im Inneren ist neben teils hochbarocker Ausstattung und Dekorationen im Zweiten Rokoko die Kapelle (um 1720) beachtenswert, mit einem Deckengemälde der *Maria Immaculata* von Johann Michael Rottmayr (um 1720), einem Retabelaltar von Antonio Beduzzi, Lorenzo Mattielli zugeschriebenen Engelsstatuen und einer Kopie des ehem. Altarbildes von Jusepe de Ribera (heute Rohrau).

Palais Ferstel (Freyung 2, Herrengasse 17, I C4): Der üppige Gründerzeitbau in Formen der ital. Renaissance wurde 1856–60 nach Plänen von Heinrich von Ferstel für die Österreichisch-Ungarische Nationalbank errichtet. Darüber hinaus beherbergte er zunächst die Börse, später Geschäftslokale und ein Kaffeehaus: das berühmte, in der Zwischenkriegszeit v. a. von Literaten frequentierte **Café Central**. Der Statuenschmuck der Fassade geht auf Hans Gasser zurück und symbolisiert die zwölf Nationen der Donaumonarchie. Die Hermen im Basarhof und der Donauweibchen-Brunnen in der Freyungspassage stammen von Anton Dominik Fernkorn.

Palais Caprara-Geymüller (Wallnerstr. 8, I C4): Das 1694–98 für Enea Silvio Caprara errichtete Palais wird dem Architekten Domenico Egidio Rossi zugeschrieben, der auch die Quadraturmalereien in der Sala dipinta geschaffen haben dürfte. 1786 wurde unter dem neuen Besitzer Carl Fürst Liechtenstein der Hintertrakt aufgestockt und ein neues Stiegenhaus durch Josef Gerl hinzugefügt. Die Fassade mit dem wohl ältesten barocken Atlantenportal Wiens ist noch den Formen des Bologneser Frühbarock verpflichtet.

Palais Palffy (Wallnerstr. 6, I C4): Das schlichte, 1809–13 von Charles Moreau errichtete Palais gehört zu den Hauptbauten des Klassizismus in Wien und besitzt eine Empireausstattung von Raphael von Rigel (1818).

Palais Niederösterreich (Ehem. Niederösterreichisches Landhaus; I C4): Das Gebäude war das Versammlungshaus der Stände des Erzherzogtums Österreich unter der Enns. Von hier nahm die Märzrevolution 1848 ihren Ausgang; hier fand auch die Gründungssitzung des ersten dt.-österr. Nationalrates statt (1918). Der erste Bauabschnitt des ganzen Komplexes, noch in den Formen der Spätgotik, datiert 1513–18 und ist wohl der Wiener Dombauhütte zuzuschreiben. 1568–78 kam es zu einer Erweiterung durch Baumeister Hans Saphoy und Hoftischler Georg Haas. Weitere einschneidende Umbauten folgten im 18. und 19. Jh. Die heutige Fassade mit Kolossalordnung und Steigerung durch einen Mittelrisalit mit Dreiviertelsäulen geht auf den spätklassizistischen Umbau durch Alois Ludwig Pichl von 1837–48 zurück, der den gesamten älteren Baukomplex umschloss. Die ehem. Torhalle aus der ersten Bauphase, heute als Kapelle eingerichtet, weist ein spätgotisches Schlingrippengewölbe auf. Im großen Saal unter der barocken Deckenmalerei von Antonio Beduzzi mit der *Verherrlichung der Größe Österreichs unter dem Schutz der Providentia divina* (1710) ist eine Renaissancekassettendecke erhalten. Auch die Verordnetenstube mit ihrem reichen Portal und der Decke von Georg Haas (1572) gehört dieser Stilepoche an. Die äußeren Renaissanceportale stammen von Hans Saphoy (1571).

Ehem. Niederösterreichische Statthalterei (Bundesministerium für europäische und internationale Angelegenheiten; Herrengasse 11, Minoritenplatz 8, I C4): Der vom römisch-klassisch orientierten Hofbaurat Paul Sprenger 1846/47 errichtete Bau ist ein frühes Werk des Historismus mit barockisierenden Fensterverdachungen und zugleich sehr modern anmutendem Terrakottadekor. Im Marmorsaal im 1. OG schuf Leopold Kupelwieser einen für spätere Ausstattungsprogramme vorbildlich wirkenden Zyklus des Romantischen Historismus: Dargestellt wird erstmals die Geschichte Österreichs in geschlossener Form, vom römischen Kaiser *Marc Aurel*, der in Wien starb, bis zum *Wiener Kongress* (1848–50). Im Mittelfeld erscheint die Personifikation *Austrias* umgeben von den Tugenden *Justitia*, *Prudentia*, *Fides* und *Fortitudo* und der Personifikation der *Historia*. In den Stichkappen wird das Programm durch Kaiserporträts ergänzt.

Hochhaus Herrengasse (Herrengasse 6–8, I C4): Nach dem Abriss des Palais Liechtenstein 1913 wurde 1931–33 durch Siegfried Theiss und Hans Jaksch dieses erste Hochhaus Wiens als Geschäfts- und Wohnhaus mit 16-geschossigem Turm errichtet. Mit seiner (allerdings verputzten) Stahlskelettkonstruktion ist es ein Vertreter des modernen Funktionalismus und der Neuen Sachlichkeit.

Palais Mollard-Clary (Herrengasse 9, I C4): Nach der Neugestaltung des älteren Freihauses Mollard ab 1693 durch Domenico Martinelli und Domenico Egidio Rossi, dem die Fassade zugeschrieben wird, gab es um 1696 einen Planwechsel, vermutlich durch Johann Lucas von Hildebrandt, dem die Kolossalpilaster und das Attikageschoss zu verdanken sind. Nach 1760 ließen die Grafen Clary das Stiegenhaus und die Wohnräume in Formen des Rokoko verändern. Die fünfachsige Fassade mit Seitenrisaliten geht noch überwiegend auf das späte 17. Jh. zurück. Die Portalskulpturen personifizieren *Prudentia* (Klugheit) und *Vigilantia* (Wachsamkeit). Die Statue des *Hl. Leopold* stammt aus der Zeit um 1760. Im Inneren sind mythologische Wandmalereien (um 1700, dem Mailänder Andrea Lanzani zugeschrieben) von Bedeutung. Der Bau beherbergt heute das Globenmuseum, das Esperantomuseum, die Sammlung für Plansprachen und die Musiksammlung der Österreichischen Nationalbibliothek.

Minoritenkirche Maria Schnee (I C4): 1224, noch zu Lebzeiten des hl. Franziskus, wurden unter Herzog Leopold VI. die Minoriten nach Wien berufen. Die erste Klosterkirche in der Nähe der damaligen Stadtmauer errichtete man nach dem Vorbild frz. Dominikanerkirchen als zweischiffigen Bau mit Langchor und Krypta im 2. und 3. Viertel des 13. Jh.s. Unter König Ottokar II. Przemysl von Böhmen erfuhren Kloster und Kirche eine besondere Förderung. So wurde Ottokar nach seinem Tod 1278 auch hier im Kapitelsaal aufgebahrt, sein Herz wurde in der Klosterkirche in der (nicht erhaltenen) Katharinenkapelle beigesetzt. Nach dem Anbau der Ludwigskapelle im Norden (1317 geweiht, 1328 vollendet) kam es ab 1339 unter Einbeziehung dieser Kapelle zu einer dreischiffigen Erweiterung des Langhauses, die sich bis gegen 1390 hinzog. Der Chor aus der Zeit

Ottokars lag nun allerdings nicht mehr mittig zum Hauptschiff, sondern war dem südlichen Seitenschiff zugeordnet. Das nördliche Seitenschiff endete im Chor der ehem. Ludwigskapelle (heute Antoniuskapelle), der verbleibende Teil des Mittelschiffs wurde mit einem geraden Wandstück versehen. Um 1350–60 erhielt die Kirche durch Baumeister Nicolaus (gest. 1385) in diesem Chorzwischenbereich – gegen die Bauregeln der Bettelorden – einen achteckigen Glockenturm. Im 14. Jh. war die Minoritenkirche die vornehmste Begräbnisstätte der Stadt. In der Reformationszeit unterstand die Kirche 1596–1620 den Protestanten, den Minoriten verblieb nur der Chorbereich hinter dem Lettner. 1774/75 übernahm die ital. Kongregation S. Maria della neve die Katharinenkapelle. Als die Minoriten 1784 in das Trinitarierkloster (Alserkirche) übersiedelten, wurde die gesamte Kirche der Kongregation als ital. Nationalkirche Maria Schnee überlassen. Der zweijochige Langchor aus der Zeit Ottokars wurde profaniert und in ein Zinshaus verwandelt, während das Klostergebäude einer staatlichen Nutzung als Kanzleigebäude zugeführt wurde. In der Folge erhielt die Kirche durch Johann Ferdinand Hetzendorf von Hohenberg ähnlich der Augustinerkirche bis 1789 eine frühe Regotisierung der Innenausstattung, wie es in Wien noch öfter nachzuweisen ist, und den heutigen flachen Ostabschluss. Der kleine Nordchor der ehem. Ludwigskapelle wurde zur Antoniuskapelle umgestaltet. 1809 wurde die Kirche unter Napoleon als Magazin zweckentfremdet. 1886 entfernte man die farbige Fassung an den Portalen. 1892–1903 veränderte Victor Luntz im Zuge einer Renovierung die Westfassade. Im gleichen Zeitraum wurden die alten Klostergebäude und der ehem. Langchor zur Gänze abgetragen. Das heutige Sakristeihaus, der Pfarrhofanbau und der Arkadengang im Süden des Langhauses wurden bis 1909 errichtet.

Der einfache blockförmige Bau mit dem für Hallenbauten

typischen riesigen Satteldach, Strebepfeilern und Maßwerkfenstern weist an der **Westfassade** das erste Wiener **Figurenportal** in der Art der frz. Kathedralen mit Gewändefiguren auf, freilich in etwas reduzierter Form (um 1340). Diese Art der Gestaltung war bis dahin in Österreich unbekannt und entsprach generell nicht den Gepflogenheiten der Bettelorden – sie dürfte somit wohl auf eine Initiative des Herzogs zurückgehen. In der Ausführung geht dieses bedeutende Werk auf Frater Jacobus von Paris und die unter ihm entstandene Minoritenwerkstatt mit frz. geschulten Bildhauern zurück. Das Mittelportal mit Trumeau, der eine Marienstatue mit Kind trägt, und mit einem dreigeteilten Tympanon zeigt im Zentrum *Christus am Kreuz*, in den Seitenfeldern rechts den Lieblingsjünger *Johannes*, *Longinus*, den Lanzenträger, und *Herzog Albrecht II.* als Stifter, links die *Gottesmutter Maria* mit den klagenden Frauen und die Herzogsgattin *Johanna von Pfirt*. Die Gewändefiguren stellen links den *Apostel Philippus*, *Johannes den Täufer* und *Johannes den Evangelisten* und rechts die *Hll. Ursula*, *Margarete* und *Helena* dar. An den Außenpfosten ist die *Verkündigung an Maria* wiedergegeben. Die ausdrucksstarken hochgotischen Figuren mit ihrer reichen Faltendraperie und ihren preziösen Haltungen wurden allerdings im 18. und 19. Jh. einer Überarbeitung unterzogen. Das rechte vermauerte **Seitenportal** zeigt die *Stigmatisation des hl. Franziskus* und die drei Franziskanerheiligen *Antonius von Padua*, *Clara* und *Elisabeth von Ungarn* als Vertreter der drei Zweige des Franziskanerordens – ihnen wurden allerdings in der protestantischen Zeit die Köpfe abgeschlagen. Das **Nordportal** wurde im Barock neu gestaltet, bewahrt aber im Inneren des Vorbaues das frühgotische Gewändeportal (um 1330/40), in das das Tympanon des ehem. Eingangs zur Ludwigskapelle eingesetzt wurde. Die beachtenswerte Darstellung der von Engeln umgebenen *Muttergottes* mit den Stiftern *Isabella von Aragon* und ihrem Mann, *Her-*

zog Friedrich dem Schönen, zu ihren Füßen entstand um 1325/28 und wird stilistisch einem Regensburger Meister zugeordnet. An der östlichen Außenwand in einer Mauerkonsole findet sich das Selbstporträt des Turmbaumeisters Nicolaus.

Im kreuzrippengewölbten **Inneren** weist die Minoritenkirche mit ihren etwa gleich breiten Schiffen statt der kantonierten Pfeiler aus der Zeit Ottokars, die noch in der Unterzone der südlichen Stützenreihe erhalten sind, Bündelpfeiler ohne eigentliche Kapitellzone auf; sie leiten fließend ins Gewölbe über und verleihen der Kirche einen klaren, wenn auch etwas strengen Raumeindruck. Die reichen, aber hochgelegenen Maßwerkfenster leuchten den Raum hell aus. Die Niveauunterschiede gehen auf die Krypta aus der Zeit Ottokars zurück. Die Angleichung der Unterzone der nördlichen Pfeiler an jene der südlichen, die Wiederholung dieser »Sockelform« an den Außenwänden, die dadurch stärkere horizontale Ausrichtung, die Emporen und die neu eingezogene Chorwand gehen wie die Ausstattung v. a. auf den neugotischen Umbau am Ende des 18. Jh.s zurück. Der gotisierende, doch einem barocken Schema entsprechende Hochaltar wurde von Hohenberg entworfen (1786), das Altarbild ist ein Werk von Christoph Unterberger (1785) und zeigt das *Gnadenbild Salus populi Romani* in der römischen Kirche Santa Maria Maggiore. Die Erbauung dieser römischen Kirche erfolgte nach dem sog. Schneewunder mitten im August, das auch der Kongregation und der Wiener Kirche den Namen gab. Als die im Krieg stark zerstörte barocke Schwarzspanierkirche (Schwarzspanierstraße, nur Fassade und Vorhalle erhalten) 1963 abgebrochen wurde, wurden einige Gemälde bedeutender österr. Barockmaler in die Minoritenkirche überführt, darunter Szenen aus dem Leben des hl. Nikolaus und die *Aufnahme der hll. Maurus und Placidus in den Orden durch den hl. Benedikt* von Daniel Gran (1736), die *Verherrlichung des hl. Johannes Nepomuk* von Bartolomeo Altomonte (um 1737) und die *Gründung Klosterneuburgs durch den hl. Leopold* von Martino Altomonte (1736). Die Mosaikkopie von Leonardos *Abendmahl* durch Giacomo Raffaeli (1806–14) geht auf einen Auftrag Napoleons zurück. Kaiser Franz I. erwarb sie für die Belvedere-Galerie, Kaiser Ferdinand I. stiftete sie 1846 der ital. Nationalkirche. Am 3. Mittelschiffpfeiler rechts hat sich die sehr qualitätvolle sog. *Familienmadonna* (um 1330/40) in originaler Fassung erhalten. Das Frührenaissance-Madonnenrelief an der nördlichen Wand wird Antonio Rossellino zugeschrieben. Durch die Umbauarbeiten im 18. Jh. sind bedeutende Ausstattungsstücke verloren gegangen, darunter das Tumbengrabmal in frz. Tradition von Blanche von Valois (gest. 1305), das Grabmal Isabellas von Aragon (gest. 1330) und der Sarkophag Margarethe Maultaschs von Tirol (gest. 1369).

Palais Starhemberg (Bundesministerium für Bildung, Wissenschaft und Forschung; Minoritenplatz 5, I C4): Der nach 1661 von einem unbekannten Architekten (Domenico Carlone?) errichtete Bau gehört zu den spärlichen Beispielen des Wiener Frühbarock, erfuhr jedoch 1895 durch eine Erweiterung um drei Achsen eine neobarocke Akzentuierung. Das Innere geht auf Veränderungen durch Andreas Zach (1784) und Alois Ludwig Pichl (um 1814/15) zurück. Der Skulpturenschmuck in Vestibül und Treppenhaus stammt von Josef Klieber.

Ehem. Geheime Hof- und Staatskanzlei (Bundeskanzleramt; I C4): Der 1717–19 errichtete Bau gehörte einst zum Hofburgbereich. Er geht auf Johann Lucas von Hildebrandt zurück. 1730 veränderte Joseph Emanuel Fischer von Erlach die Fassade, 1764–67 baute Nicolaus Pacassi den Komplex um. Eine weitere Umgestaltung in spätklassizistischen Formen erfolgte 1821–26. Die zur Hofburg gewendete Hauptfassade am Ballhausplatz bewahrt in ihrem dekorativen Formenspiel noch den Stil Hildebrandts.

Stadtpalais Liechtenstein (Majoratshaus; Bankgasse 9; Minoritenplatz 4, I C4): Der im Zweiten Weltkrieg schwer beschädigte Bau wurde ursprünglich nach Entwürfen Enrico Zucallis (1689) und Plänen Domenico Martinellis von Antonio Riva für den Grafen Kaunitz errichtet. Nach Erwerb durch Fürst Johann Adam Andreas von Liechtenstein 1694 stellte Gabriele de Gabrieli ihn bis 1705 in veränderter Form fertig. Blockhafter und strenger profiliert als das etwa gleichzeitig entstandene Gartenpalais Liechtenstein weist das Stadtpalais, Majoratshaus der Fürsten von Liechtenstein, wie das Gartenpalais einen betonten Mittelrisalit mit Kolossalordnung und Dachbalustrade auf. Es gilt als erster hochbarocker Palastbau Wiens in der Tradition römischer Palazzi. Wichtigstes Vorbild war Berninis Palazzo Chigi-Odescalchi. Martinelli stattete den Bau bis 1705 mit dem ersten monumentalen Barockportal in Wien aus und entwarf die Wandgliederung für das Haupttreppenhaus. Der Entwurf der Treppe und des Atlantenportals am Minoritenplatz von Giovanni Giuliani wird Johann Lucas von Hildebrandt zugeschrieben (1705). Die beachtenswerten Attikastatuen, Portal- und Balustradenskulpturen sind wie jene in der Eingangshalle und im Treppenhaus Werke Giulianis und seiner Werkstatt. Das Innere, von Santino Bussi stuckiert, erfuhr 1836–47 eine Neugestaltungen durch Peter Hubert Desvignes. Die üppigen, in viel Weiß und Gold typisch wienerischen Repräsentationsräume gehen auf das Zweite Rokoko zurück, darunter auch Möbel von Carl Leistler und Michael Thonet. Da damals neue, aber reparaturanfällige Technik, wie z. B. verschiebbare Wände und Lifte, eingebaut wurde, erhielt das Palais im Volksmund den Namen »Künstlerversorgungshaus«. Das Palais ist im Rahmen von Führungen zu besichtigen.

Ehem. Ungarische Hofkanzlei (Ungarische Botschaft; I C4): Der Bau entstand durch den Zusammenschluss zweier älterer Komplexe (sie wurden 1783/84 von Franz Hillebrand mit einer vereinheitlichten Fassade versehen), darunter das von Johann Bernhard Fischer von Erlach errichtete Palais Strattmann (Bankgasse 6, 1692–94). Dieses Palais, seit 1747 Ungarische Hofkanzlei, erfuhr bereits 1766/67 durch Nicolaus Pacassi eine erste Veränderung in Formen des Zopfstils. Der Bau enthält eine der bedeutendsten Rokokoausstattungen Wiens, darunter neben schönem Stuck und kostbaren Boiserien Gemälde mit Darstellungen von *Maria Theresia als Königin von Ungarn* von Franz Meßmer und Wenzel Pohl (1768) und im ehem. Arbeitszimmer des ungar. Botschafters ein Deckenfresko mit der *Stiftung des Stephansordens durch Kaiserin Maria Theresia* von Franz Anton Maulbertsch (1768). Im linken Innenhof befindet sich eine Brunnenschale aus Venetien aus der 1. Hälfte des 13. Jh.s.

Palais Batthyány und **Palais Orsini-Rosenberg** (Bankgasse 2, Schenkenstr. 2, Herrengasse 19, I C4): Der Gebäudetrakt in der Herrengasse wurde 1692–97 als Palais Orsini-Rosenberg errichtet. 1718 kam es unter Einbeziehung weiterer Häuser zur Neugestaltung für Eleonore Gräfin Batthyány: Christian Alexander Oedtl lehnte sich dabei an den Stil Fischer von Erlachs an. Der Entwurf des hochbarocken Portals mit Reliefszenen aus dem Herkulesmythos (Herrengasse) wird Fischer selbst zugeschrieben. Die Prunkräume wurden 1924 nach Übernahme des Gebäudes durch eine Versicherung zerstört.

Von der Urania rings um die Innenstadt bis zum Wiener Trio: der Ringstraßenbereich

Die **Ringstraße** entstand, als sich Wien im 19. Jh. zur Großstadt entwickelte, Erweiterungsraum benötigte und 1858–64 die Befestigungsanlagen abgebrochen und Graben und Glacis verbaut werden sollten. Im 1858 ausgeschriebenen allgemeinen Wettbewerb gingen die drei Projekte von Ludwig von Förster, von August Sicard von Sicardsburg und Eduard van der Nüll und von Friedrich August Stache als Sieger hervor. Gemeinsam war ihnen, dass ein baumbestandener Prachtboulevard nach Pariser Vorbild und etwas außerhalb konzentrisch dazu ein Lastenstraßenzug zusammen mit einem Kai den Stadtkern annähernd in sechseckiger Form umfassen sollten. Diese Entwürfe bildeten die Grundlage für das später noch etwas veränderte Ausführungsprojekt. Am nördlich der inneren Stadt gelegenen Donaukanal, einem damals bereits regulierten Arm der Donau, wurde ein Kai und rund um die innere Stadt eine breite Fahrstraße mit Bäumen und öffentlichen Repräsentationsbauten, privaten Palais, Mietshäusern und Grünflächen angelegt. Querachsen verbanden die damals bereits weitgehend eingemeindeten Vorstädte und den alten Stadtkern. Das gewachsene Siedlungsgebiet der Altstadt wurde nicht wie in Paris der Zerstörung überantwortet. Als ausführende Architekten besonders mit den Bauten an der Ringstraße verbunden waren die sog. vier Baubarone Theophil von Hansen, Friedrich von Schmidt, Heinrich von Ferstel und Carl von Hasenauer – sie erhielten damals aufgrund ihrer Verdienste den Adelstitel.

Urania (I D4): Der Bau von Max Fabiani wurde 1909/10 in späthistoristischen Formen und mit funktionaler Grundrisslösung errichtet. Als Volksbildungshaus enthält er eine Volkssternwarte, Vortragssäle, ein Theater (ab 1920 Kino) und die

Zentraluhrenanlage Wiens. 2000–03 kamen nach einer umfassenden Renovierung eine neue Sternwartenanlage und eine zweite Kuppel hinzu.

Universität für Angewandte Kunst (Stubenring 3, I D4): Der ursprünglich als Kunstgewerbeschule errichtete Bau in Formen der ital. Renaissance stammt von Heinrich von Ferstel (1875–77), der Erweiterungsbau von Karl Schwanzer (1962–65) und das Oskar-Kokoschka-Denkmal von Alfred Hrdlicka (1986).

Museum für Angewandte Kunst (I D4): Das 1867–71 nach Plänen von Heinrich von Ferstel errichtete und 1907–09 durch Ludwig Baumann um einen wuchtigen Erweiterungsbau ergänzte Museum ist an den Formen der ital. Renaissance orientiert. Sgraffitotechniken, Porträtmedaillons großer Kunstgewerbler und allegorische Figuren der kunstgewerblichen Bereiche bilden den Fassadenschmuck. Die heutige Konzeption eines Teils der Ausstellungssäle geht auf Künstler der Gegenwart zurück. Das 1991–93 von Hermann Czech gestaltete MAK-Café wurde 2006 und 2015 umgeplant und heißt heute Salonplafond.

Der anschließende **Stadtpark** (I D4/5) im Stil eines engl. Landschaftsgartens entstand ab 1860 nach einer Skizze des Landschaftsmalers Josef Selleny an den Ufern des Wienflusses. Er enthält zahlreiche Denkmäler, darunter das **Franz-Schubert-Denkmal** von Carl Kundmann (1863–72), das **Johann-Strauß-Denkmal** von Edmund Hellmer (1904–21) und das *Stage Set* von Donald Judd (1991). Der Kursalon, heute v. a. Konzerthalle, wurde in Form eines barocken Gartenpalais 1865–67 von Johannes Garben errichtet.

Beethoven-Denkmal (I D5): Das als Gruppendenkmal mit dem Komponisten, dem gefesselten Prometheus, Victoria und neun Putten als Sinnbilder der neun Symphonien gestaltete Ensemble im Zentrum des Platzes stammt von Caspar von Zumbusch (1873–80). Ein zweites Beethoven-Denkmal, von

Markus Lüpertz, wurde 2017 gegenüber dem Konzerthaus aufgestellt – und erhitzte die Wiener Gemüter.

Konzerthaus (Hochschule für Musik und darstellende Kunst; I D5): Der Komplex wurde 1912/13 von Ludwig Baumann, Ferdinand Fellner und Hermann Helmer in neoklassizistischen Formen errichtet. Die Reliefs außen stammen von Ernst Hegenbarth, im Inneren befinden sich das Originalmodell des Beethoven-Denkmals von Caspar von Zumbusch und eine Marmorbüste von *Franz Liszt* von Max Klinger (um 1904).

Hotel Imperial (I C5): Das 1862–65 von Arnold Zenetti und Heinrich Adam errichtete Palais von Herzog Philipp von Württemberg wurde 1872/73 zum Hotel umgebaut. Die Innenausstattung im Neorokoko wurde durch mehrere Umbauten neohistoristisch verändert.

Karlskirche (I C5): Der bedeutendste Barockbau Wiens und eines der schönsten barocken Gotteshäuser überhaupt geht auf ein Gelöbnis Kaiser Karls VI. i. J. 1713 zurück – er hoffte mit dieser Stiftung die Pest abwenden zu können. Geweiht ist die Kirche dem kaiserlichen Namenspatron und Pestheiligen Karl Borromäus. Johann Bernhard Fischer von Erlach begann den Bau 1716 (damals noch vor den Toren der Stadt), vollendet wurde er von seinem Sohn Joseph Emanuel. Zur Finanzierung hatten alle Länder des Habsburgerreichs Beiträge zu leisten. So entstand nicht nur ideell, sondern auch faktisch ein Denkmal sowohl der Rom treuen »pietas austriaca« als auch der kaiserlichen Frömmigkeit und der politischen Ansprüche der Habsburger.

Die ins Räumliche geweitete **Schauseite** ist mit ihrem Tempelportikus, den beiden Riesensäulen, der hohen Tambourkuppel und den seitlichen Turmpavillons in ihrer Differenziertheit, Staffelung und komplexen Verschränkung nicht nur ein formales, sondern mit ihren Anspielungen auf die Kirche, den kaiserlichen Bauherrn und das Reich auch ein ikono-

Die Karlskirche

graphisches Meisterwerk. Maßgeblich am Entwurf des Programms beteiligt waren der Gelehrte und Inspektor der kaiserlichen Antikensammlungen Carl Gustav Heraeus und Gottfried Wilhelm Leibniz. Fischer gelang es, formale Anregungen aus dem römischen Barock, der Antike und der frz. Klassik zu einem einheitlichen Werk zu verschmelzen. Nach der berühmten Analyse Hans Sedlmayrs bezieht sich das figürliche Programm auf den Titelheiligen. Architektonische Motive wie die Tempelfront und die Säulen spielen auf Rom an, die Säulen für sich auch auf Herkules und damit auf Anfang und Ende des Erdkreises und auf die habsburgischen Ansprüche auf die Krone Spaniens. Mit ihren kaiserlichen Emblemen verweisen die Säulen aber auch auf den Wahlspruch Karls VI., »constantia et fortitudo« (Beständigkeit und Tapferkeit), und auf die Säulen Jachin und Boas vor dem Salomonischen Tempel. Vielleicht ist in ihnen darüber hinaus auch noch eine Anspielung auf die Hagia Sophia zu sehen. So wird Wien als neues Rom und neues Konstantinopel vorgestellt und die Kirche als neuer Salomonischer Tempel. Karl VI. selbst gleicht so Herkules, Kaiser Augustus und König Salomo in einem. Die Engel am Aufgang (von Franz Caspar) symbolisieren links mit der Ehernen Schlange das Alte und rechts mit Kreuz und zerschmetterter Schlange das Neue Testament (ab 1721). Das Tympanonrelief von Giovanni Stanetti zeigt die *Errettung Wiens von der Pest* durch die Fürbitte des hl. Karl Borromäus, die Giebelfiguren von Lorenzo Mattielli stellen die Apotheose des Titelheiligen zwischen Tugenden dar. Die Reliefs der Ehrensäulen gehen auf Johann Baptist Mader, Johann Baptist Straub und Jakob Schletterer zurück und zeigen Szenen aus dem Leben des Titelheiligen (links) und Wunder nach seinem Tod (rechts). Auf den Pavillons stehen die Personifikationen von *Glaube* und *Hoffnung*, die von *Karl Borromäus* auf dem Giebel des Portikus als Sinnbild der Liebe zu den drei theologischen Tugenden ergänzt werden.

Im **Grundriss** weist die Karlskirche – ohne dass dies aus der Schauseite abzuleiten wäre – ein Längsoval auf, das in den Hauptachsen durch Vorhalle, Seitenarme und einen tiefen Chor und diagonal durch kleine Kapellen mit Oratorienemporen ergänzt wird: eine für den Spätbarock typische Verbindung von zentralisierenden und Längstendenzen. Wichtigstes Vorbild für diese Lösung dürfte Johann Lucas von Hildebrandts Peterskirche gewesen sein.

Innenraum: Der farblich kräftig gehaltene Hauptraum wird durch Kolossalpilaster gegliedert. In die Arkaden der Seitenarme sind Doppelsäulen als Würdeform eingestellt, im Chor Halbsäulen, die in den Vollsäulen des Altares ihre Steigerung erfahren. Anders als in der Peterskirche schließen die Empo-

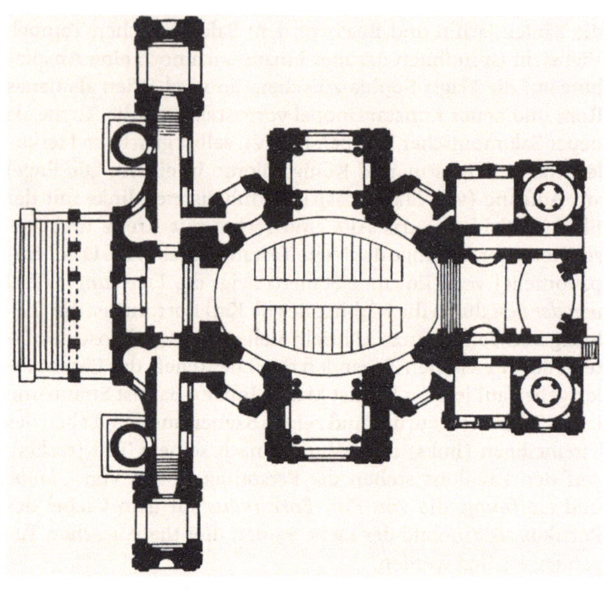

Karlskirche, Grundriss

renbrüstungen über den Diagonalkapellen flach ab. Die meisterhaft komponierten und fein abgestuften farbigen Akzente von Marmor und Stuckmarmor, vergoldeten Kapitellen und Architekturdetails sind vor eine weiße Wand gesetzt. Die Stuckdekorationen stammen v. a. von Albert Camesina und basieren auf Entwürfen von Vater und Sohn Fischer. Die Ausgestaltung mit Deckengemälden geht auf Veränderungen durch den Sohn zurück. Die Fresken sind ein Spätwerk Johann Michael Rottmayrs mit der *Fürsprache des hl. Karl Borromäus in Pestzeiten* (1725–30) in der Kuppel, der *Anrufung des göttlichen*

Lammes im Chorgewölbe, dem *Vertrauen in den Göttlichen Willen* (links) und der *Ergebung in den Göttlichen Willen* (rechts) in den Seitenarmen und unter der Orgelempore der *Danksagung der hl. Cäcilie*. Die wohl nach dem Tod Rottmayrs ausgeführten Scheinkuppeln in den Diagonalkapellen werden Gaetano Fanti und Daniel Gran zugeschrieben (1736), ebenso stammt die Scheinarchitektur der Kuppel von Fanti. Der Hochaltar nach einem Entwurf Fischers zeigt die *Verherrlichung des Namens Gottes* und die *Aufnahme von Karl Borromäus in den Himmel* und spielt wieder auf den Salomonischen Tempel an. Die Sitzfiguren auf dem Gebälk stellen die vier lateinischen Kirchenväter dar. Ausgeführt wurde der Altar durch Camesina und Ferdinand Brokoff (1728). Die Darstellungen *Christus und der römische Hauptmann* in der Taufkapelle links vom Eingang und der *Hl. Elisabeth von Thüringen* im rechten Querarm stammen von Daniel Gran (1736/37). Die *Himmelfahrt Mariens* im linken Querarm ist ein Werk Sebastiano Riccis (um 1734). Martino Altomonte schuf die *Erweckung des Jünglings von Naim* (1721) in der Kapelle rechts vom Eingang, Giuseppe Antonio Pellegrini die *Heilung des Gichtbrüchigen* in der Kapelle links vom Chor und Jakob van Schuppen *Lukas malt die Madonna* in der Kapelle rechts vom Chor.

Der ehemals zur Karlskirche ansteigende **Karlsplatz** (I C5) mit dem ab 1971 gestalteten **Resselpark** birgt u. a. die Bronzeplastik *Hill Arches* von Henry Moore (1978) im Wasserbecken vor der Kirche und wird von zwei ehem. **Stadtbahnpavillons** ◆ der Unteren Wientallinie begrenzt, die 1898/99 durch Otto Wagner und seine Schüler Max Fabiani und Joseph Maria Olbrich errichtet wurden. Die sichtbare Eisenskelettkonstruktion mit ihrer klaren Geometrie und Füllungen aus weißen Marmorplatten bestimmt in bereits moderner Weise deren Ästhetik, die reiche Dekoration entspricht dem geometrisch ausgerichteten Jugendstil der Wiener Secession. Man vergleiche die etwa gleichzeitigen floral-organisch gestalteten Metrostationen Hector Guimards in Paris. Wagner entwarf unter Beteiligung seiner Schüler insgesamt 36 Stadtbahnstationsgebäude.

Technische Universität (I C5): Der Haupttrakt des Komplexes wurde 1816–18 durch Joseph Schemerl als Polytechnisches Institut errichtet, seit 1872 ist er Sitz der Technischen Hochschule. Der plastische Dekor auf dem fünfachsigen Mittelrisalit stammt von Josef Klieber. Die Reliefs zeigen die an der Hochschule gelehrten Fächer, die Figuren auf der Attika sind *Pallas Athene*, zwei Frauen mit heimischen Erzeugnissen, *Neptun*, der *Genius Österreichs* in der Mitte, ein Vater mit seinen Söhnen und die Personifikation der *Geschichte*. Vor der Fassade befinden sich acht Bronzebüsten bedeutender österr. Techniker (1903). Der Festsaal im Inneren wurde durch Peter Nobile gestaltet.

Musikvereinsgebäude (I C5): Das Stammhaus der Wiener Philharmoniker entstand als erstes reines Konzerthaus Wiens 1867–69 nach Plänen von Theophil von Hansen und gehört zu den bedeutendsten Bauten des Historismus in der Stadt. Der rechteckige streng regelhafte Baukörper wird in der Mitte vom Trakt des Goldenen Saals (für seine Akustik berühmt) durchdrungen und zugleich überhöht; Arkadenbögen heben diesen gegenüber den einfacheren giebelbekrönten Rechteckfenstern der Flügel hervor, ebenso die klassische Säulenordnung in Superposition. Im Inneren sind neben dem Vestibül, der Treppe und dem reichen Skulpturenschmuck des Goldenen Saals auch die Darstellungen *Apolls*, der *Neun Musen* und von Genien von August Eisenmenger (1869) beachtenswert.

Künstlerhaus (I C5): Der Monumentalbau wurde 1865–68 nach Plänen von August Weber im Stil einer ital. Renaissancevilla für Ausstellungen und Versammlungen der 1861 gegründeten Genossenschaft der bildenden Künstler Wiens (heute Gesellschaft bildender Künstler und Künstlerinnen Österreichs) errichtet. Die Statuen beim Haupteingang von 1900–13 stellen *Leonardo*, *Velazquez*, *Bramante* und *Tizian* dar, vor den Seitenflügeln befinden sich *Rubens*, *Dürer*, *Raffael* und *Michelangelo*. Seit 2020 beherbergt der Bau die Albertina Modern (s. S. 191).

Staatsoper (I C5): Das ehem. Hofoperntheater, heute eines der führenden Opernhäuser weltweit, war der erste Großbau an der neuen Ringstraße. Der dem romantischen Historismus zugerechnete Neorenaissancebau wurde 1861–69 durch August Sicard von Sicardsburg und Eduard van der Nüll errichtet. Über eine moderne innere Eisenskelettkonstruktion wurde ein reich dekoriertes Äußeres in romantisierend historistischen, doch für die Wiener Mode der Zeit unüblich freien Formen gelegt. Nach schweren Kriegszerstörungen erfolgte der Wiederaufbau durch Erich Boltenstern mit großenteils erneuerter Innenstruktur, wenn auch in etwas historisierender Form. Dem mächtigen Baukörper mit gemeinsamem Dach über dem zentralen Block von Auditorium und Bühnenhaus ist eine fünfachsige Wagenvorfahrt mit darüberliegender Loggia mit Dachterrasse vorgelagert, zurückgesetzt sind seitlich Flügel mit Hof angefügt. In Foyer und Loggia haben sich Fresken von Moritz von Schwind erhalten (1866–68), darunter Szenen aus Mozarts *Zauberflöte*.

Secession (I C5): Für die Ausstellungen der Secession 1898 ◆ von Joseph Maria Olbrich geschaffen, ist dieser Bau das wohl bekannteste Jugendstilgebäude Wiens. Die Secession hatte sich 1897 von der traditionellen Künstlergenossenschaft abgespalten und war am Jugendstil orientiert. Ihr Motto »Der Zeit ihre Kunst. Der Kunst ihre Freiheit« ziert neben »ver sacrum« (heiliger Frühling) die Fassade. Den Grund überließ die Stadt, die Finanzierung erfolgte über den Erlös von Ausstellungen und durch Mäzene wie Karl Wittgenstein. Heute präsentiert sich das Innere nach einem Umbau durch Adolf Krischanitz in modernisierter Form. In Absetzung vom Historismus ist der geschlossen und blockhaft wirkende Bau glatt verputzt und durch stilisierte, aus der Natur abgeleitete und direkt in den Mörtel geschnittene oder aus Metall gebildete Ornamente verziert. Der repräsentative Eingangsbereich und die vergoldete Lorbeerkuppel – ein Symbol für den Künstlerruhm – erklären das Gebäude dennoch zum weihevollen Kunsttempel, auch wenn das Innere mit einer bis dahin kaum üblichen modernen Einzelhängung der Bilder unter Oberlicht und verstellbaren Innenwänden eher funktionalen Charakter hat. Die Türen entwarf Gustav Klimt. Nach seiner Eröffnung erregte der Bau großes Aufsehen – Zustimmung und Kritik, die sich in Aussagen wie »Grab des Mahdi« ausdrückte. Die Bronzegruppe des *Marc Anton* von Arthur Strasser (1899) vor der rechten Seitenfront wurde ursprünglich für die Pariser Weltausstellung von 1900 geschaffen.

Café Museum (Friedrichstr. 6, I C5): In dem 1860 von Carl Rösner erbauten Haus gestaltete Adolf Loos 1899 das Kaffeehaus mit Bugholzstühlen von Kohn und offenen Gas- und Stromleitungen in Messing, die er z. B. in die Hutablage integrierte und als Gliederungselement einsetzte. Die unterkühlte, schlichte Gestaltung brachte dem bei Künstlern und Intellektuellen beliebten Café den Spottnamen »Café Nihilismus« ein. In den Dreißiger Jahren wurde das Lokal durch Josef Zotti völlig neu gestaltet. 2003 wurde die Loos-Gestaltung nachgebaut, aber schon 2010 erfolgte ein Umbau gemäß der Gestaltung Zottis.

Akademie der bildenden Künste (I C5): Der Monumentalbau in Vierflügelform mit Eckrisaliten und Säulenportikus wurde 1872–77 durch Theophil von Hansen in Neorenaissanceformen errichtet. Der Skulpturenschmuck (Götterstatuen in den Fassadennischen) stammt von Akademieschülern, die Statuen des Portikus (*Phidias*, *Perikles* und Allegorien der Künste) v. a. von Vincenz Pilz. Der Bau der Aula teilt den Innenbereich in zwei Höfe. Ihre Innenraumgestaltung mit Abgüssen des Parthenonfrieses, Porträtmedaillons von Caspar von Zumbusch und Deckengemälden von Anselm Feuerbach (*Titanensturz*, 1874–79, *Gefesselter Prometheus mit Okeaniden*, *Venus Anadyomene*, *Uranos und Gaia*, 1875/76), Christian Griepenkerl (*Prometheus als Gründer des Herdes* und *Demeter*) und Heinrich Tentschert (*Eros und Okeanos* nach Skizzen Feuerbachs, 1881/82) gehört zu den bedeutendsten des Wiener Historismus.

Das **Schiller-Denkmal** mit Darstellungen der Lebensalter und allegorischen Statuen im Park vor dem Gebäude wurde 1875/76 nach einem Entwurf von Johannes Schilling ausgeführt.

Atelierhaus der Akademie der bildenden Künste (Semperdepot, ehem. Kulissen- und Dekorationsdepot der Hoftheater; I C5): Der historistische Zweckbau in reduziertem, am Florentiner Palastbau orientiertem Neorenaissancestil wurde 1873 von Gottfried Semper und Carl von Hasenauer über fächerförmigem Grundriss errichtet. Im Inneren bildet eine Gusseisenkonstruktion das Gerüst.

Der spätklassizistische **Burggarten** (I C5), 1817–19 durch den Architekten Ludwig von Remy und den Hofgärtner Franz Antoine d. Ä. angelegt, war ursprünglich kaiserlicher Privatgarten. Ab 1901 wurden die Remyschen Glashäuser durch das secessionistische Palmenhaus von Friedrich Ohmann ersetzt. 1919 wurde der Park nach einer Umgestaltung öffentlich zugänglich. Einige der zahlreichen Denkmäler waren ursprünglich woanders aufgestellt. In der Mitte des Weihers befindet sich der **Herkules-Brunnen** von etwa 1770. Von Balthasar Ferdinand Moll stammt das frühklassizistische **Reiterdenkmal für Franz Stephan von Lothringen** (1781). Das **Mozart-Denkmal** mit Don-Giovanni-Szenen am Sockel wurde von Viktor Tilgner 1896 gefertigt. Das **Denkmal für Kaiser Franz Joseph** ist eine zeitgenössische Kopie Josef Tuchs nach Johannes Benk. Das als Sitzfigur gestaltete **Bronzedenkmal Johann**

Wolfgang von Goethes außerhalb des Parks stammt von Edmund von Hellmer (1895–1900).

Hofburg s. S. 46

◆ **Kunsthistorisches Museum** und **Naturhistorisches Museum** (I B/C4/5): Ab 1858 bestanden in Wien Pläne, die kaiserlichen Sammlungen an einem Ort zu vereinen. Nach einem unentschiedenen Wettbewerb und darauf folgenden Eingriffen durch Gottfried Semper, der die Museen in das beabsichtigte Kaiserforum integrieren wollte, errichtete Carl von Hasenauer ab 1871 die beiden Bauten. 1889 wurde das Naturhistorische Museum, 1891 das Kunsthistorische Museum eröffnet. Semper entwarf das Statuenprogramm für das Kunsthistorische Museum: Personifikationen von *Malerei*, *Skulptur*, *Architektur* und *Kunstgewerbe* für das Portal, Kunsthandwerker für die Sockelzone, Allegorien der abendländischen Kunstzentren für das Hauptgeschoss, einzelne Künstler in chronologischen Epochenzusammenhängen für die Attikazone. Das Fassadenprogramm des Naturhistorischen Museums zeigt die vier Elemente, die zugehörigen antiken Götter (*Tellus/Erde*, *Vulkan/Feuer*, *Uranus/Luft*, *Neptun/Wasser*), Erfindungen von Antike und Neuzeit und bedeutende Wissenschaftler, die vier Erdteile und bedeutende Reisende und die Gestirne.

Zwischen den beiden Museumsbauten erhebt sich in der Mitte des Platzes das **Denkmal für Kaiserin Maria Theresia** von Caspar von Zumbusch (1888) nach einem ikonographischen Programm des Historikers Alfred Ritter von Arneth. Die *Kaiserin* mit Szepter und Urkunde der Pragmatischen Sanktion thront über Personifikationen von *Justitia*, *Fortitudo*, *Clementia* und *Sapientia*. Auf dem Sockel umgeben sie Feldherren hoch zu Ross und stehend oder sitzend Vertreter von Staatsführung, Militär, Wissenschaft und Kunst, darunter die Feldherren *Gideon Ernst Freiherr Laudon*, *Leopold Joseph Graf Daun*, *Ludwig Andreas Graf Khevenhüller* und *Ferdinand Graf Traun*, die Politiker *Wenzel Anton Dominik Graf Kaunitz* und *Josef Freiherr Sonnenfels*, der Leibarzt *Gerard van Swieten* und die Komponisten *Willibald Gluck*, *Joseph Haydn* und *Wolfgang Amadeus Mozart*.

MuseumsQuartier (I B5): Einst erstreckten sich hier die Hofstallungen über eine Breite von 300 m. Ihr Bau wurde von Johann Bernhard Fischer von Erlach 1713 begonnen und von dessen Sohn Joseph Emanuel 1722–25 vollendet. Der weitläufige barocke Bau, zur Mitte hin gestaffelt und durch Risalite und Pavillons gegliedert, ist eine Abwandlung von Fischers Rekonstruktion der Domus aurea des Kaisers Nero. 1854 wurde eine Reitschule eingebaut. Unter Gottfried Semper sollten die Hofstallungen in die geplante, aber nur teilweise verwirklichte Anlage des Kaiserforums zwischen der Neuen Burg und den beiden Museen einbezogen werden. Seit 2001 befindet sich im Innenbereich dieses Komplexes ein großes Kunstareal mit mehr als 20 verschiedenen Kulturinstitutionen und v. a. drei großen Neubauten von den Architekten Laurids und Manfred Ortner (früher Haus-Rucker-Co., heute Ortner & Ortner): das Museum für moderne Kunst (MUMOK), das Leopold Museum und die Kunsthalle (unter Einbeziehung der Winterreitschule). Die viel beachtete Kulturkonsummeile besticht durch die Begegnungsmöglichkeiten und Ruheräume und durch die überwältigende Fülle an kulturellen Angeboten, jedoch nicht durch Sensibilität dem Werk Fischer von Erlachs gegenüber. Die drei Neubauten wirken wie v. a. auf sich selbst bezogene Monolithe: der bunkerartige und bedrohlich wirkende Kunstspeicher des MUMOK in dunklem Basalt und in bedrängender Nähe zum Fischerbau, die kühle weiße Box des Leopold Museum und der Klinkerbau der Kunsthalle. Die Kunsthalle zeigt im Rahmen von Ausstellungen v. a. internationale und österr. zeitgenössische Kunst. Unter den weiteren Institutionen des Areals befinden sich das Architekturzentrum, das designforum wien, das Tanzquartier Wien, Künstlerstudios und das ZOOM Kindermuseum.

Der **Justizpalast** (I B4), 1875–81 von Alexander Wielemans als »Tempel der Gerechtigkeit« in Neorenaissanceformen errichtet, hat eine beachtenswerte Prunktreppe in einem glasüberdachten Arkadenhof, den eine Kolossalstatue der *Justitia* von Emanuel Pendl ziert.

Parlament (ehem. Reichsratsgebäude; I B4): Das Gebäude von 1874–83 (2017–23 generalsaniert; seither mit wesentlich vergrößertem Besucherzentrum) gilt mit seiner Verbindung von griechischen und Renaissanceformen als herausragendes Beispiel des Strengen Historismus und als das Hauptwerk Theophil von Hansens. Hansen verband zwei Baublöcke mit je einem halbkreisförmigen Sitzungssaal für das damalige Herren- und das Abgeordnetenhaus in symmetrischer Form durch einen Mitteltrakt mit Säulenhalle, Eingang und geschwungener Auffahrtsrampe. Formal entschied er sich, der historistischen Zuordnung einzelner Stile zu bestimmten Bauaufgaben folgend, für die griechische Antike als der ersten Demokratie als Vorbild. Dem Mitteltrakt verlieh er somit die Form eines Tempels mit einer kolossalen Säulenfront. Die anschließenden Flügel mit Halbsäulen sind dagegen an Palladios Villenarchitektur orientiert und wiederholen das Tempelmotiv nur in bescheidenerer Form an den Eckrisaliten. Der skulpturale Fassadenschmuck in Bronze und weißem Marmor zeigt im Tympanon des Mitteltraktes die *Verleihung der Verfassung an die Völker und 17 Kronländer Österreichs durch Kaiser Franz Joseph* von Edmund von Hellmer (1879–88). Im Glasmosaikfries an der Wand ist *Austria mit huldigenden Kronländern* dargestellt (Eduard Lebiedzki, 1900–02). Die Giebelstatuen zeigen Allegorien verschiedener Ministerien. Die Saalbauten sind mit Reliefs der Kronländer, ihrer Hauptstädte und Flüsse und allegorischen Attikastatuen ausgestattet. Acht Quadrigen mit Viktorien bilden den krönenden Abschluss der Sitzungsbauten. Innen sind die bedeutendsten Räume die Säulenhalle, eine österr. Ruhmeshalle mit 24 Statuen historischer Persönlichkeiten und 24 monolithen korinthischen Säulen aus Adneter Marmor, und der von Palladios Teatro Olimpico in Vicenza inspirierte Sitzungssaal des ehem. Abgeordnetenhauses (heute Bundesversammlung) mit tempelartiger Front, Statuen römischer Gesetzgeber, abwechselnd Karyatiden und Atlanten als Stützen der Galerie und reicher Vergoldung. Der ehem. Sitzungssaal des Herrenhauses fiel den Kriegszerstörungen zum Opfer.

Vor dem Gebäude erhebt sich der **Athene-Brunnen** mit der Athenastatue von Carl Kundmann (1898–1902), mit Allegorien der *Legislative* und *Exekutive* von Josef Tautenhayn (1896) und den Flüssen *Donau*, *Inn* (beide von Hugo Haerdtl), *Moldau* und *Elbe* (beide von Kundmann). Die Sitzfiguren auf der Rampenmauer zwischen den Rossebändigern stellen griechische und römische Geschichtsschreiber dar, von links: *Thukydides*, *Xenophon*, *Herodot*, *Polybios*, *Livius*, *Tacitus*, *Sallust* und *Julius Caesar*.

Der **Volksgarten** (I B/C4), ab 1817 durch Ludwig von Remy und Franz Antoine d. Ä. gestaltet, war der erste Park in Wien, der von vornherein für die Öffentlichkeit bestimmt war. 1819–23 baute Peter Nobile als Mittelpunkt den **Theseustempel** im dorischen Stil nach dem Vorbild des Theseions in Athen für Antonio Canovas Skulptur *Theseus im Kampf mit dem Kentauren* (ab 1890 im Treppenhaus des KHM). Heute wird dort in Ausstellungen zeitgenössische Kunst präsentiert. Ebenfalls von Nobile wurde 1820–23 das **Cortische Kaffeehaus** gebaut (1947–52 umgestaltet durch Oswald Haerdtl). Unter den Denkmälern und Brunnen sei auf das Grillparzer-Denkmal von Carl Kundmann und Carl von Hasenauer (1889) und das secessionistische Kaiserin-Elisabeth-Denkmal von Friedrich Ohmann und Hans Bitterlich (1907) hingewiesen.

Das **Burgtheater** (I B/C4), eine der bedeutendsten Sprechbühnen im dt. Sprachraum, hat im Gebäude des alten Hoftheaters einen kongenialen Ort. Es wurde 1874–88 durch Gottfried Semper und Carl von Hasenauer in Neorenaissanceformen mit Neobarockdekor errichtet. Semper entwickelte die extrem in die Breite gedehnte, geschwungene Front in Abwandlung zu seiner Dresdner Oper und die Treppenaufgänge zu den Logen in Anlehnung an seinen nicht realisierten Entwurf für ein Richard-Wagner-Festspielhaus in München als eigenständige Gebäudeteile. Der Zuschauerraum wird somit auch außen von einer Kuppel überhöht. Die Gliederung bilden Kolossalpilaster auf hohen Sockeln. Der flache Mittelrisalit geht auf Hasenauer zurück. Nach Kriegszerstörungen wurden Bühne und Auditorium 1948–55 durch Michel Engelhart in etwas historisierenden Formen erneuert. Das Äußere ist mit Dichterbüsten und Theaterfiguren geschmückt. Auf der Balustrade erscheinen *Apoll und die neun Musen* von Carl Kundmann. Im Inneren beeindrucken neben Statuen berühmter Schauspieler und Büsten bedeutender Dramatiker und Mimen die beiden Feststiegen mit der Dekoration durch die sog. Maler Compagnie. Franz von Matsch und Ernst und Gustav Klimt stellten herausragende Beispiele aus der Entwicklungsgeschichte des Theaters dar. Die Porträtbilder in der Ehrengalerie stammen u. a. von Ferdinand Georg Waldmüller, Hans Makart, Franz von Lenbach und Ernst Fuchs.

Rathaus (I B4): In Anlehnung an das gotische Rathaus in Brüssel wurde das neue Wiener Rathaus 1872–83 durch Friedrich von Schmidt in neugotischen Formen errichtet. Im Grundriss orientiert sich dieser jedoch am Schlossbau. Einem zentralen rechteckigen Innenhof sind an den zwei gegenüberliegenden Längsseiten je drei weitere kleinere Höfe zugeordnet; das Ganze wird von einer geschlossenen Vierflügelanlage umfangen. Der mächtige, fast 100 m hohe Turm wird vom *Rathausmann* bekrönt, einem in Kupfer getriebenen Standartenträger von Alexander Nehr. Innen sind die Volkshalle, die aufwendig gestalteten Feststiegen, der zweigeschossige Festsaal mit prachtvoller Ausstattung und der rückwärtige Sitzungssaal sehenswert. Die historistische Parkanlage wurde 1870–73 angelegt. Unter den zahlreichen Denkmälern befinden sich zwei Werke Alfred Hrdlickas: Bundespräsident *Karl Renner* (1965–67) und die Büste für Bundespräsident *Adolf Schärf* (1985).

Universität (I B3/4): Das neue Universitätsgebäude, gebaut von Heinrich von Ferstel 1873–84, war als Palast der Wissenschaften konzipiert und vereinte alle universitären Einrichtungen unter einem Dach. Die Grundrissdisposition mit Höfen ist von barocken Klosteranlagen abgeleitet, die Aufgliederung des Baukörpers und der Dachlandschaft ist dem frz. Schlossbau des Barock mit seinem Pavillonsystem nachempfunden. Die Dekorationsformen entsprechen jedoch der ital. Renaissance, da mit ihnen nach der historistischen Auffassung am besten die humanistische Bildungstradition veranschaulicht werden konnte. Die Hauptfassade mit Mittelrisalit wird durch eine geschwungene Auffahrt, die über zwei Stockwerke reichende Loggia und Skulpturen betont (die *Götterversammlung bei der Geburt der Pallas Athene*, Gelehrte und Personifikationen der vier Fakultäten). Die inneren Hofarkaden dienen mit über 150 Denkmälern und Gedenktafeln als Ehrenhalle für bedeutende Wissenschaftler der Wiener Universität, darunter die Büsten *Gerard van Swietens* von Franz Xaver Messerschmidt (um 1760/70) und *Josef von Quarins* von Johann Martin Fischer (1802). Es finden sich aber auch Werke von Caspar von Zumbusch und Anton Hanak. Der **Kastalia-Brunnen** im Zentrum stammt von Edmund von Hellmer (1904). Im Gebäudeinneren ist der überkuppelte Große Festsaal mit den Fakultätsbildern von Franz von Matsch und Kopien der verlorenen von Gustav Klimt beachtenswert.

Votivkirche Zum Göttlichen Heiland (I B3): Nachdem der junge Kaiser Franz Joseph 1853 ein Attentat überlebt hatte, rief sein Bruder Maximilian zu Spenden für den Bau einer Dankeskirche auf. Sie wurde 1856–79 von Heinrich von Ferstel im Bereich der damaligen Befestigungsanlagen in den Formen der frz. Kathedralgotik des 13. und 14. Jh.s errichtet – mit Doppelturmfassade, Figurenportalen und Fensterrose, basilikalem Schiffsaufbau, Umgangschor, Kapellenkranz und reichem Dekor. Wichtige Anregungen lieferten der Kölner Dom und die Pariser Kirche Ste Clotilde (1846–57). Auch das skulpturale Programm entspricht der Kathedraltradition, wenn auch mit ikonographischen Abwandlungen. Das weiträumige Innere ist ebenfalls reich mit Statuen und Wandmalereien nach dem Entwurf von Ferstel geschmückt. Die heutigen Glasfenster stammen jedoch größtenteils aus den Jahren nach dem Zweiten Weltkrieg. Beachtenswert ist das Hochgrab für Niklas Graf Salm, der Wien 1529 erfolgreich gegen die Osmanen verteidigte. Das Renaissancemonument mit dem knienden Grafen und Schlachtenreliefs, das Thomas Hering zugeschrieben und um 1530–35 datiert wird, kam erst 1879 in die Votivkirche. Im rechten Chorumgang befindet sich der Zugang zu einem kleinen Kirchenmuseum mit weiteren Ausstattungsstücken, darunter der Antwerpener Altar von etwa 1460.

Alte Börse (I C3): Das Gebäude wurde 1873–77 von Theophil Hansen in Neorenaissanceformen für die 1771 gegründete Börse errichtet. Der ehem. Festsaal der Wiener Handelskammer und die Feststiege im Inneren sind in neoklassizistischen Formen gehalten. 2001 zog die Börse aus; seither befinden sich im Gebäude v. a. Büros, ein Restaurant und ein Blumenladen.

Wiener Trio (I C3): Das Monument des postmodernen amerikan. Architekten Philip Johnson (1996) zeigt dessen Hinwendung zur Skulptur und zu einer dekonstruktivistischen Formensprache im Spätwerk.

Votivkirche, Photochrom, um 1890/1900

Vom Zentrum nach Süden und Osten

Vom Naschmarkt nach Schönbrunn

Das **Theater an der Wien** (I C5) wurde 1800/01 von Joseph Reymund d. J. und Anton Jäger im Auftrag Emanuel Schikaneders erbaut, jedoch später mehrfach verändert. Die Decke des klassizistischen Zuschauerraums ziert ein Bild mit den *Neun Musen* von Josef Geyling d. Ä. (1854).

Mietshäuser Linke Wienzeile 38 und 40, Köstlergasse 3 (III B5): Die von Otto Wagner und Schülern 1898/99 errichteten Bauten mit flächigen Fassaden und einfach eingeschnittenen Fenstern sind das bedeutendste Ensemble von Jugendstil-Mietshäusern in Wien. Einst sollten sie einen geplanten Prachtboulevard zum Schloss Schönbrunn säumen. Anders als zuvor üblich unterscheiden sich die Stockwerkshöhen und Fenstergrößen nicht mehr – der Fahrstuhl brachte eine Egalisierung (schmiedeeiserne Aufzugsschachtverkleidungen in floralem Dekor sind erhalten). In den vergoldeten Dekor des Eckhauses (Nr. 38) sind Reliefmedaillons von Kolo Moser eingefügt. Die Statuenbekrönung stammt von Othmar Schimkowitz, das Haustor von Josef Plecnik. Beim Majolikahaus (Nr. 40) verzichtete Wagner auf plastischen Fassadendekor und verkleidete es mit witterungsbeständigen Fliesen mit floralem Muster nach einem Entwurf von Alois Ludwig. Adolf Loos kritisierte das Haus als »tätowierte Architektur«.

Der **Naschmarkt** (I C5) wurde ab 1902 nach Plänen von Friedrich Jäckel auf der Wienflussüberwölbung angelegt. Neben zahlreichen Marktpavillons haben sich eine hierher versetzte Kapelle von 1817 und das ebenfalls von Jäckel errichtete Marktamt von 1915/16 erhalten.

Paulanerkirche Zu den Hll. Schutzengeln (III C6): Die

frühbarocke Klosterkirche der Paulaner entstand 1627–51 nach Plänen von Giovanni Battista Carlone. Während der zweiten osmanischen Belagerung wurde sie abgetragen, 1686 wiederhergestellt. Die pilastergeschmückte Fassade weist auf dem Giebel Engelstatuen und in den Nischen den *Hl. Franz de Paula* (links) und einen weiteren Ordensheiligen (1. Viertel 18. Jh.) auf. Im Wandpfeilersaal mit Kapellen ist ein Carlo Carlone zugeschriebenes Fresko der *Hl. Dreifaltigkeit* (um 1720/30) zu sehen. Den Hochaltar (1717/18) zieren Statuen der *Hll. Bonifatius* und *Vitalis* sowie Engel und als Altarbild eine Schutzengeldarstellung von Joseph von Hempel (1844). Beachtenswert sind zudem die *Kreuzaufrichtung* von Johann Michael Rottmayr (um 1700) am Kreuzaltar, zwei Supraporten mit den *Drei Marien am leeren Grab* und *Noli me tangere* von Paul Troger (1745) in der Kreuzkapelle und die *Wunder des hl. Franz de Paula* von Ignaz Johann Bendl (um 1700) am Franz-de-Paula-Altar.

Theresianum (III C6): Hier befand sich die ehem. kaiserliche Sommerresidenz, das Lustschloss Alte Favorita. Unter Maria Theresia wurde das Areal an die Jesuiten veräußert, die hier ein Kolleg einrichteten. Nach der Aufhebung des Ordens zog eine Adelsakademie ein, die Theresianische Akademie, heute befinden sich hier die Diplomatische Akademie und Schulen. Die Michaelskapelle (ursprünglich aus der 1. Hälfte des 17. Jh.s) wurde um 1770 vermutlich durch Johann Ferdinand Hetzendorf von Hohenberg in klassizistischem Stil umgestaltet. Die Altarbilder werden dem Umkreis von Peter Strudel (um 1700) zugeschrieben. Erwähnenswert sind auch die 1748 begründete Bibliothek, der Peregrinsaal mit Fresken vom Ende des 17. Jh.s, das Kaiserzimmer Karls VI. und das Goldkabinett mit seiner Ausstattung von Claude Lefort-Duplessis (um 1725).

Palais Schönburg (III C6/7): Das ehem. Gartenpalais Starhemberg ist ein frühes Hauptwerk von Johann Lucas von Hildebrandt, wurde jedoch später baulich verändert. Der einflügelige Bau mit Pilastergliederung ist durch einen Mittelrisalit mit kronenartiger Figurenbalustrade gestaltet. Die Fenster im Hauptgeschoss sind von geschweiften Giebeln bekrönt, die oberen waren einst lyraförmig.

Thekla-Kirche (III C6/7): Die barocke Saalkirche des ehem. Piaristenkollegs wurde 1754–57 (wie auch der Kollegiumstrakt) durch Josef Matthias Gerl errichtet. Der zweijochige Wandpfeilersaal mit Hängekuppeln ist mit Stuckdekor von Jakob Philipp Kegelsperger versehen. Das Hochaltarbild der *Hl. Thekla* stammt ebenso wie die *Maria Immaculata* und der *Hl. Josef von Calasanz* in den Seitenaltären von Felix Ivo Leicher (1756).

Margaretenbrunnen (III B6): Vor dem Margaretenhof (1884/85), einem großbürgerlichen Zinshauskomplex von Ferdinand Fellner und Hermann Helmer, befindet sich die beachtenswerte Bleifigur der *Hl. Margarete mit dem Drachen* von Johann Nepomuk Schaller (1835/36), ein Werk des romantisierenden Klassizismus.

St. Josef zu Margareten (III B6) wurde 1765–71 von Franz Duschinger für ein Armenhaus errichtet, Portalvorbau und Turm kamen erst im frühen 20. Jh. hinzu. Die Statuen der *Hll. Stephanus*, *Sebastian*, *Rochus* und *Johannes Nepomuk* vor der Fassade (2. Viertel 18. Jh.) stammen von der Linienwallkapelle, in der sich ein Fresko von Franz Anton Maulbertsch befindet. Die Statue der *Hl. Margarete* (Anfang 18. Jh.) dürfte dem Vorgängerbau entstammen. Im Inneren gehören die Wand- und Glasmalereien der 1. Hälfte des 20. Jh.s an. Der Hochaltar mit der *Hl. Familie* von Bartolomeo Altomonte geht wie auch die übrigen Altäre auf einen Entwurf von Johann Ferdinand Hetzendorf von Hohenberg (1771) zurück. Beachtenswert sind auch eine *Pietà*, ein *Schmerzensmann* (Umkreis Donner?) und das Bild des *Hl. Leonhard* von Franz Anton Maulbertsch (1771).

Gumpendorfer Pfarrkirche Zum hl. Ägidius (III A6):

Die spätbarocke Kirche, 1765–70 durch Franz Sebastian Rosenstingl erbaut, geht auf einen romanischen Vorgängerbau zurück. 1792 wurde sie mit einer Einturmfassade von Joseph Reymund ergänzt. Die mit ionischen Pilastern geschmückte einschwingende Schauseite bewahrt Statuen der *Hll. Joseph* und *Leopold* (1825). Die Ausstattung des Inneren (Longitudinalbau mit Pilasterordnung, verkröpftem Gebälk, Platzlgewölben und Rechteckchor) stammt aus dem 18. und 19. Jh. Der klassizistische Hochaltar mit den Statuen der Apostel *Petrus* und *Paulus* ist ein Werk Josef Kliebers (1826). Das Altarbild mit der *Verherrlichung des hl. Ägidius* stammt von Joseph Abel (1820). Der Tabernakel von Anton Högler entstand 1808, die beiden Engel zu seinen Seiten sind gleichzeitige Werke aus der Werkstatt Franz Anton Zauners. Die beiden Seitenaltäre gehören dagegen noch der Zeit um 1780 an und besitzen neben den Statuen der *Hll. Joseph, Michael* (links) und der *Maria* sowie *Johannes* (rechts) von Johann Georg Dorfmeister Reliefs vom selben Künstler und Altarbilder mit der *Taufe Jesu* von Martin Johann Schmidt, gen. Kremser Schmidt, (links) und mit *Christus am Kreuz* von Josef Redl (1802). Vom Kremser Schmidt stammen auch die beiden Vorsatzbilder mit der *Hl. Anna* (linker Seitenaltar) und dem *Hl. Joseph* (südliche Altarnische), die *Maria Immaculata* (1779) am Maria-Empfängnis-Altar und die *Hl. Cäcilia* in der Christkönigskapelle östlich des Chores. Die Holzskulptur der Madonna mit Kind am Triumphbogen ist das Gnadenbild *Unsere Liebe Frau von Gumpendorf* aus der alten Pfarrkirche (um 1540).

Gustav-Adolf-Kirche (III A6): Der evangelisch-lutherische Kirchenbau von Ludwig von Förster entstand 1846–49 unter Beteiligung von Theophil von Hansen. Er ist blockhaft geschlossen und mit Biphorenfenstern und byzantinisierend-orientalisierender Ornamentierung gestaltet. Die Ausstattung im Wandpfeilerbau mit Emporen auf Eisenstützen stammt weitgehend aus der Erbauungszeit, die ursprüngliche Ornamentmalerei wurde später übertüncht.

Raimundtheater (III A6): Der späthistoristische Bau wurde 1893 von Franz Roth im damals in der Monarchie üblichen Theaterschema von Fellner und Helmer errichtet. Die Front bewahrt über dem Balustradenbalkon der Eingangsexedra eine Büste des Dichters *Ferdinand Raimund* von Johannes Beck (1893). Im Inneren wurde der alte Vorhang von Julius Schmid mit Motiven aus Raimund-Stücken (1893) auf den eisernen Vorhang übertragen.

Franz-Domes-Hof (III A7): Diese Wohnhausanlage der Gemeinde Wien wurde 1928–30 von Peter Behrens errichtet und zeichnet sich durch eine einfache funktionale Formensprache aus. Loggienbänder und Balkone, z. T. übereck, bilden den horizontalen Akzent, Stiegenhaustürme den vertikalen.

Der **Reumannhof** (III A7), einer der bekanntesten Gemeindebauten Wiens, ist ein Werk Hubert Gessners (1924–26) und war die erste große Straßenhofanlage. Der pathetisch überhöhte Mitteltrakt mit Dreieckserkern – die von Gessner bevorzugte Erkerform –, Pavillons und Arkaden dominiert über die ehrenhofartig angelegten niedrigeren Seitentrakte und verleiht dem Bau einen schlossartigen Charakter. Mit der bewusst auch auf Fernwirkung hin konzipierten Schauseite stellt die Anlage den Prototyp des »Volkswohnungspalasts« dar.

Metzleinstaler Hof (III A7): Die 1919/20 von Robert Kalesa in traditionellen Formen – noch mit einem repräsentativen zentralen Stiegenhaus – begonnene Wohnhausanlage war die erste des Roten Wien. 1923/24 wurde sie durch Hubert Gessner in modernen Formen erweitert.

Hofpavillon (Schönbrunner Schlossstr. 13): Der Stadtbahnpavillon, 1898/99 durch Otto Wagner in historistischer Grundstruktur mit Jugendstildekoration errichtet, war einst für den Kaiserhof reserviert. Heute ist hier eine Außenstelle

Schloss Schönbrunn

des Wien Museums – mit Originalinterieur im ehem. oktogonalen Wartesaal und einer Stadtansicht von Carl Moll (1899).

Schloss Schönbrunn (Schönbrunner Schlossstraße): Die ehem. Kaiserliche Sommerresidenz ist eine der bedeutendsten barocken Schlossanlagen Europas. Kaiser Maximilian II. erwarb 1569 das Areal der Katterburg, 1642 wurde unter Kaiser Ferdinand II. ein Jagdschloss errichtet und ein Lustgarten angelegt. Nach deren beinahe vollständiger Zerstörung durch die Osmanen 1683 erbaute Johann Bernhard Fischer von Erlach ab 1696 das neue Schloss. Mit seinem Idealentwurf wollte er sogar Versailles übertreffen, doch die Umsetzung war nicht zu finanzieren. Der Bau sollte anfänglich nur als Jagdschloss dienen, wurde aber mit erweiterten Seitenflügeln zur Residenz für den Thronfolger Joseph I. Später fungierte das Schloss als Witwensitz kaiserlicher Gemahlinnen. Ab 1743 ließ Maria Theresia das Schloss durch Nicolaus Pacassi zur kaiserlichen Residenz umbauen. Unter den österr. Kaisern Franz I. und Ferdinand I. diente Schönbrunn als Sommerresidenz, unter Franz Joseph als ganzjähriger Wohnsitz der kaiserlichen Familie.

Das **Äußere** des Schlosses basiert im Wesentlichen auf dem Entwurf Fischers, wurde jedoch durch Pacassi an einigen Punkten empfindlich verändert. Fischer schuf um das mittlere Corps de Logis zwei seitliche Hoftrakte, die einen weiten, gestaffelten Ehrenhof bilden. Als Gliederungselemente setzte er über dem rustizierten Sockelgeschoss ionische Riesenpilaster ein, betonte den Mittelrisalit durch Säulenportikus, Freitreppe und ein offenes Belvedere. Dort hätte ursprünglich ein Reiterstandbild Josephs Platz finden sollen. Den eher niedrigen, aber breiten Bau veränderte Pacassi in einigen Details, u. a. fügte er an den Flügeln zwischen Beletage und Mezzanin ein Zwischengeschoss ein, das die Wandgliederung massiv stört, verkleinerte die Freitreppe und erweiterte die Durchfahrt. Das ursprüngliche römische Terrassendach war schon 1737 surch Steildächer ersetzt worden. Die gartenseitige Freitreppe wurde 1776 durch Johann Ferdinand Hetzendorf von Hohenberg erneuert. Auch im 19. Jh. kam es zu kleineren Veränderungen, v. a. der klassizistischen Vereinfachungen des Fassadenschmucks.

Das **Innere** wurde unter Pacassi 1743–61 umgebaut und neu gestaltet – von einem v. a. repräsentativen imperialen Barockschloss wurde es in ein intimeres und wohnlicheres Rokoschloss verwandelt. Den großen Saal Fischers teilte Pacassi in zwei Galerien, er erneuerte Vestibül und Treppen und fügte Theater, Orangerie, Reitstall und Winterreitschule hinzu. Nur die **Schlosskapelle**, ursprünglich Maria Magdalena gewidmet und unter Maria Theresia mit dem Patrozinium ›Vermählung Mariae‹ neugeweiht, bewahrt noch weitgehend die Konzeption Fischers. Das Deckengemälde mit der *Hl. Maria Magdalena* und den theologischen Tugenden *Glaube, Hoffnung* und *Liebe* stammt von Daniel Gran (1744), der Hochaltar geht auf einen Entwurf Pacassis zurück. Das Altarbild mit der *Vermählung Mariae* ist ein Werk Paul Trogers (um 1744). Die Bilder

der beiden östlichen Seitenaltäre mit der *Erziehung Mariens* (links) und dem *Hl. Johannes Nepomuk* (rechts) stammen von Giovanni Battista Pittoni (1734/35), die vergoldeten Blei- und Bronzeplastiken von Franz Kohl (1743/44). Unter den Räumen im **EG** sind neben den beiden Vestibülen die sog. Bergl-Zimmer mit Malereien von Johann Baptist Wenzel Bergl und Martin Steinrucker, das Goess-Appartement mit Landschaftsmalereien, das Kronprinzen-Appartement und das Gisela-Appartement zu erwähnen. Die **Beletage** erreicht man über die von Pacassi eingezogene Blaue Stiege, deren Decke von Sebastiano Ricci mit einer Allegorie auf *Joseph I. als Tugendheld*, der von *Merito* (Verdienst) und *Virtù* (Tugend) zu *Aeternitas* (Ewigkeit) geleitet wird, gestaltet ist (1701/02). Es schließen sich die **Appartements von Kaiser Franz Joseph und Kaiserin Elisabeth** mit z. T. originaler und z. T. im 19. Jh. erneuerter Rocailledekoration, bemerkenswerten Möbeln und zahlreichen Habsburgerporträts an. Es folgen im Mitteltrakt die **Audienzräume und Festsäle** mit Rocailledekoration, monumentalen Gemälden und Porträts kaiserlicher Familienmitglieder. Die Große Galerie, ein Spiegelsaal für Repräsentationsveranstaltungen, bewahrt neben der Rokokoausstattung von Anton Bolla (1761) Deckenfresken von Gregorio Guglielmi (1759–61) mit einer Allegorie auf das *Herrscherpaar*, dessen Tugenden, das *Kaisertum* und das *Gedeihen der habsburgischen Länder*. Das Fresko der Kleinen Galerie mit einer *Verherrlichung der Regierung des Hauses Habsburg* stammt ebenfalls von Guglielmi (1759). Es schließen sich die **Chinesischen Kabinette** an, das **Karussellzimmer**, der **Zeremoniensaal** und das **Rösselzimmer** mit seinen Pferdeporträts. Der in der Ausstattung bedeutendste Teil des Schlosses ist der **Osttrakt** aus der Zeit Maria Theresias, teilweise nach dem Tod ihres Gemahls Franz Stephan umgestaltet. Kostbare Möbel, Supraporten, die auf Michelangelo Unterberger und seinen Umkreis zurückgehen,

Rocaillestuck und Spiegel geben hier Einblick in eine höfische Rokokodekorationskunst höchster Qualität. Besonders beachtenswert sind der Blaue chinesische Salon, das Vieux-Laque-Zimmer – der von Maria Theresia eingerichtete Gedächtnisraum für Franz Stephan mit u. a. einem postumen Gemälde des Kaisers von Pompeo Battoni (1771) –, das Napoleonzimmer – ursprünglich das Schlafzimmer Maria Theresias und ihres Gemahls –, das Porzellanzimmer nach einem Entwurf von Jean Pillement, das sog. Millionenzimmer mit Rosenholzvertäfelung und indo-persischen Miniaturen (Originale in der Österreichischen Nationalbibliothek), das Miniaturenkabinett, der Gobelin-Salon mit Tapisserien nach Entwürfen von David Teniers d. J. und das Geburtszimmer Kaiser Franz Josephs. Zum Schloss gehören auch das 1747 wohl von Pacassi erbaute, 1766/67 durch Hetzendorf veränderte, heute älteste **Theater** Wiens, der **Reitstalltrakt** und die **Wagenburg**, die ehem. Winterreitschule, mit dem kaiserlichen Fuhrpark aus Karossen, Wagen, Schlitten und Sänften (eine Zweigstelle des KHM) und die noch in ihrer alten Funktion erhaltene **Große Orangerie** von Pacassi (1754/55).

Der zum Schloss gehörige, über Terrassen ansteigende **Park** (seit 1779 öffentlich zugänglich) konnte seine Ausstattung mit Brunnen, Skulpturen und Parkbauten bis heute bewahren. Die erste Anlage nach frz. Vorbild geht auf Jean Trehet (1695–1711) zurück. Unter Maria Theresia folgten die Erweiterung um den Großen Fasangarten, die Kammergärten, die Große Orangerie, der Glorietteteich und die als Siegesdenkmal für die Schlacht bei Kolin (1756) errichtete *Gloriette* auf der Hügelkuppe. Letztere, ein klassizistischer Arkadenbau mit Seitenflügeln als Belvedere an der höchsten Stelle des Parks, z. T. aus Spolien vom Neugebäude errichtet, ist ein Werk Johann Ferdinand Hetzendorf von Hohenbergs (1775), wie auch der Obeliskbrunnen, die Römische Ruine (1778), das Taubenhaus, der Neptun-

Brunnen (Skulpturen von Anton Zauner, 1780) und die beiden Najaden-Brunnen (1777–80). Die *Kleine Gloriette* dürfte auf Isidor Canevale zurückgehen (um 1775/80). Um 1800 wurde der Holländisch-botanische Garten vergrößert, 1828–48 in einen Landschaftsgarten umgewandelt. 1879–82 errichtete Franz Xaver von Segenschmid das Große Palmenhaus und 1904/05 das Sonnenuhrhaus. Der Skulpturenschmuck des Parks mit mythologischen Figuren, Helden der römischen Geschichte und Personifikationen von Tugenden, Naturkräften, Wissenschaften und Künsten entstand ab 1773 unter der Oberleitung von Johann Christian Wilhelm Beyer; beteiligt waren u. a. auch die Bildhauer Jakob Schletterer, Johann Baptist Hagenauer, Ignaz Platzer, Johann Martin Fischer und Philipp Jakob Prokop. Das ebenfalls im Park aufgestellte Denkmal für Kaiser Franz Stephan I. schuf Balthasar Moll (1766), das Reiterdenkmal Kaiser Josephs II. Franz Anton Zauner (um 1795). Letzteres ist das Modell für das Denkmal am Josefsplatz und kam 1810 aus Laxenburg nach Schönbrunn. Der **Tiergarten** Schönbrunn, ebenfalls in der Parkanlage, ist der älteste erhaltene Zoo überhaupt. Die architektonisch beachtenswerte kreisförmige Menagerie, angelegt 1751/52 unter Jean-Nicolas Jadot, wurde mittlerweile um der besseren Tierhaltung willen zum Besucherbereich umfunktioniert. Der ebenfalls von Jadot erbaute Mittelpavillon diente einst dem Kaiserhaus.

Pfarr- und Wallfahrtskirche Maria Hietzing (Am Platz 1): Die barockisierte spätgotische Saalkirche mit neugotischer Fassade von Carl Rösner ist seit der osmanischen Belagerung von 1529 Wallfahrtskirche. Die Leopoldskapelle wurde 1690 hinzugefügt, die Kapelle zum hl. Johannes Nepomuk und das Kaiseroratorium 1733. Die auf die Barockisierung zurückgehenden Stuckierungen und Fresken mit Szenen aus dem Marienleben werden durch den Hochaltar von Matthias Steinl mit Statuen der *Hll. Anna*, *Joachim*, *Elisabeth* und *Zacharias* (1698/99) ergänzt. Besonders beachtenswert sind die Seitenaltäre mit *Maria Magdalena unter dem Kreuz* von Johann Michael Rottmayr (1700, links) zwischen den Statuen von *Maria* und *Johannes dem Evangelisten* und der *Tod des hl. Joseph*, ebenfalls von Rottmayr (um 1711/12, rechts), zwischen den Kirchenvätern *Augustinus* und *Ambrosius*.

Villa Skywa-Primavesi (Gloriettegasse 14–16): Der 1913–15 von Josef Hoffmann errichtete Bau ist ein typisches Beispiel für den im 2. Jahrzehnt des 20. Jh.s auf den Jugendstil folgenden neuen Klassizismus mit seinen reduziert-modernen, aber dennoch am klassischen Ideal und seinen Würdemotiven orientierten Formen. Die Skulpturen in den Tympana der Seitenrisalite und in der Gartenanlage stammen von Anton Hanak.

Villa Beer (Wenzgasse 12): Das 1929–31 von Josef Frank und Oskar Wlach errichtete Haus zeigt das Franksche Konzept vom »Haus als Weg und Platz«.

Werkbundsiedlung (Veitingergasse/Jagdschlossgasse): Die 1930–32 unter der Leitung von Josef Frank realisierte Werkbund-Musterschau nach dem Vorbild der Stuttgarter Weißenhofsiedlung sollte Wirtschaftlichkeit auf engstem Raum und moderne Wohnkultur demonstrieren. Sachliche Formen, Flachdach und Typisierung für die Möglichkeit industrieller Fertigung, aber auch eine große Vielfalt von Haustypen, kleine Plätze, gekrümmt geführte Wege und eine gemütliche Inneneinrichtung sollten eine kostengünstige Siedlung ergeben, die wie gewachsen wirkt und an menschlichen Bedürfnissen ausgerichtet ist. Ziel war die Förderung eines humaneren Siedlungsbaus für niedere Einkommensschichten gegenüber den von der Stadt Wien damals bevorzugten Mietskasernen. Unter den 32 beteiligten Architekten finden sich neben Österreichern wie Josef Frank, Adolf Loos, Josef Hoffmann, Richard Neutra, Margarete Schütte-Lihotzky, Ernst Lichtblau, Ernst Plischke, Oskar Strnad und Clemens Holzmeister auch Gerrit

Rietveld, Hugo Häring, Gabriel Guevrekian und André Lurçat. 64 der 70 Häuser sind erhalten.

Haus Scheu (Larochegasse 3): Das Einfamilienhaus, 1912/13 von Adolf Loos errichtet, gilt als das erste Terrassenwohnhaus in Mitteleuropa. Angesichts der dekorlosen Fassaden, der einfach eingeschnittenen und unterschiedlich dimensionierten Fenster und des für die frühe Moderne obligaten Flachdachs protestierte die Baubehörde damals. Erst nach Verpflichtung zur Begrünung des Hauses mit Efeu wurde die Genehmigung erteilt.

Haus Steiner (Sankt-Veit-Gasse Nr. 10): Der 1910 errichtete Bau, ein Initialbau der Moderne, erscheint doppelgesichtig – die Straßenfassade musste, so die Baubestimmungen, eingeschossig sein. Adolf Loos errichtete deshalb ein nach unten gezogenes gewölbtes Blechdach. Bei der Gartenfront mit ihrer strengen Symmetrie und den unvermittelt eingeschnittenen und erstmals z. T. liegenden Fenstern konnte er seine Vorstellungen uneingeschränkt verwirklichen. Strenge Linienführung, geschlossene Wandflächen und ein kubischer Stil mit Dachterrasse sind charakteristisch für dieses Haus, eines der Hauptwerke von Loos und eines der ersten Privathäuser aus Stahlbeton.

Das **Erzbischöfliche Schloss Ober St. Veit** (Wolfrathplatz 2) gehörte einst dem Wiener Domkapitel und wurde später als bischöfliche Sommerresidenz genutzt; es geht auf eine mittelalterliche Veste zurück. Der heutige Bau, entstanden um 1660 und 1742–45 durch Matthias Gerl umgebaut, war 1762–79 im Besitz Kaiserin Maria Theresias, die eine Umgestaltung durch den Hofarchitekten Nicolaus Pacassi vornehmen ließ (1762). Aus dieser Zeit haben sich im Inneren Malereien von Johann Baptist Wenzel Bergl erhalten.

Hermesvilla (Lainzer Tiergarten): Die schlossähnliche historistische Villa, 1882–86 von Carl von Hasenauer auf einem künstlich terrassierten Gelände errichtet und benannt nach einer Hermesstatue im Garten, war ein Geschenk Kaiser Franz Josephs an seine Gemahlin Elisabeth zur Silberhochzeit. Nach 1945 verwüstet, erscheint sie heute in teilweise rekonstruierter Form, bewahrt aber im Inneren zahlreiche originale Ausstattungsgegenstände. Sie untersteht dem Wien Museum und zeigt neben Sonderausstellungen den privaten kaiserlichen Wohnstil am Ende des 19. Jh.s. Der Hauptbau erinnert an die frz. Schlossarchitektur des 16. Jh.s, die Gusseisenloggien auf der Gartenseite waren dagegen ein Novum in der Herrscherarchitektur. Die Deckengemälde gehen im Entwurf teilweise auf Hans Makart und in der Ausführung auf Gustav und Ernst Klimt zurück. Besonders opulent ausgestattet ist das ehem. Schlafzimmer der Kaiserin mit einem Bett aus der Zeit Maria Theresias und Wandmalereien mit Motiven aus Shakespeares *Sommernachtstraum*.

Invalidenhauskirche hl. Johannes Nepomuk (Fasangartengasse 101): Der Kuppelbau in neoklassizistischen und secessionistischen Formen, 1908–10 durch Hans Schneider im Park des k. k. Militär- und Invalidenhauses errichtet, bewahrt im Inneren einen barocken Hochaltar mit dem Relief einer *Kreuzabnahme* von Georg Raphael Donner (um 1735).

Schloss Hetzendorf (Hetzendorfer Str. 79): 1694 wurde hier von Johann Bernhard Fischer von Erlach das Jagdschlösschen Thunhof für Sigismund Graf Thun erbaut. Nach Besitzerwechsel und Veränderungen durch Johann Lucas von Hildebrandt, Anton Ospel und Antonio Beduzzi erhielt das Schloss nach dem Ankauf durch Kaiserin Maria Theresia von Nicolaus Pacassi sein heutiges Aussehen. Im Inneren der um einen Ehrenhof gruppierten pavillonartigen Baukörper haben sich u. a. Fresken von Daniel Gran (1746/47) und Carlo Innocenzo Carlone (1716–18), Scheinarchitekturmalereien von Francesco Messenta, Stuckierungen von Beduzzi, Skulpturen von Lorenzo Mattielli und eine Porträtgalerie erhalten. Beachtenswert ist auch das chinesische Zimmer, das vermutlich von Pacassi nach Stichvorlagen von François Cuvilliés entworfen wurde. Die mit Kaiseroratorien und Empore ausgestattete Schlosskirche bewahrt Fresken mit der *Taufe Jesu*, der *Transfiguration* und der *Bergpredigt* von Daniel Gran und Dekorationsmalerei von Franz Joseph Wiedon (1744). Das Altarbild mit der *Hl. Dreifaltigkeit* ist ein Werk von Karl Auerbach (1745). Seit 1946/47 beherbergt das Schloss die renommierte Modeschule der Stadt Wien und die Modesammlung des Wien Museums.

Die **Altmannsdorfer Kirche zum hl. Oswald** (Khleslplatz), 1838/39 nach Plänen von Franz Lößl errichtet, ist wegen ihrer nazarenischen Ausstattung beachtenswert. Das Altarbild des *Hl. Oswald* stammt von Matthias Ranftl (1834), die Engel von Johann Nepomuk Schaller, das Glasgemälde von Leopold Kupelwieser. Auf den Seitenaltären stammen der *Hl. Johannes der Täufer* (links) von Joseph von Führich (1839) und die *Hl. Anna* (rechts) von Eduard Steinle (1838/39).

Schloss Alterlaa (Erlaaer Str. 54): Das zweigeschossige spätbarock-klassizistische Schloss mit Mittelrisalit und Freitreppe geht auf den Umbau einer älteren Vierflügelanlage vermutlich durch Nicolaus Pacassi 1766–70 zurück. Im Inneren bewahrt es Holzvertäfelungen und Stuckierungen des späten 18. Jh.s. 1783 wurde hier durch Georg Adam Fürst Starhemberg einer der frühesten engl. Landschaftsgärten in Wien mit entsprechenden Staffagebauten durch Andreas Zach angelegt (im 19. Jh. verändert).

Die **Wotrubakirche / Zur Heiligsten Dreifaltigkeit** (Am Georgenberg) ging aus einem nicht realisierten Entwurf des Bildhauers Fritz Wotruba für ein Karmelitinnenkloster in Steinbach im Wienerwald hervor. 152 unregelmäßige, kyklopenhafte Betonblöcke türmen sich mit dazwischenliegenden Fensteröffnungen wie eine Skulptur. Auf Wotruba geht auch ◆

Die Wotrubakirche »Zur Heiligsten Dreifaltigkeit«

das Bronzekreuz im Inneren zurück (Abguss eines 1968 für die Schlosskirche in Bruchsal geschaffenen Kreuzes). Ausgeführt wurde der Bau von Fritz Gerhard Mayr in den Jahren 1974–76.

Vom Schwarzenbergplatz über das Belvedere zum Arsenal und nach Favoriten

Der **Schwarzenbergplatz** (I D5) zwischen Ring und Gartenpalais Schwarzenberg wird vom Denkmal für Feldmarschall Karl Philipp Fürst zu Schwarzenberg von Ernst Julius Hähnel (1863– 1867) beherrscht. Das **Palais Erzherzog Ludwig Viktor** (Nr. 1) und das **Palais Wertheim** (Nr. 17) in den Formen des Strengen Historismus sind Werke Heinrich von Ferstels

(1863–69). 1873 wurde der Platz um die Parkanlage und den von Anton Gabrielli geschaffenen **Hochstrahlbrunnen** erweitert, der 1906 zum Leuchtbrunnen umgestaltet wurde. Die **Französische Botschaft** (Technikerstr. 2) wurde im Stil des frz. Art Nouveau von Georges-Paul Chédanne 1900–12 erbaut und neben vegetabilem Dekor mit Reliefs von Paul Gasq und François Sicard geschmückt. Die Dekorformen beim **Haus der Kaufmannschaft** (Schwarzenbergplatz 14), 1902/03 durch Ernst von Gotthilf-Miskolczy und Oskar Neumann errichtet, sind dagegen von Johann Lucas von Hildebrandt inspiriert. Die Attikafiguren stammen von Josef Heu. Feststiege und Festsaal im Inneren sind mit Bandelwerkstuck, einem Deckengemälde von Julius Schmid mit Allegorien des Handels im Stil des 18. Jh.s und einem Porträt *Kaiser Franz Josephs* von Wilhelm Vita (1905) ausgestattet. Das **Haus der Industrie** (Nr. 4), 1906–11 durch Carl König in von Barock und Klassizismus abgeleiteten Formen errichtet, hat einen frühklassizistisch inspirierten Festsaal mit Kaiserporträt. 1945 wurde die Sichtachse über den Platz auf das Palais Schwarzenberg durch das **Befreiungsdenkmal** mit einer Kolonnade und der Figur eines Rotarmisten zerstört.

Das **Gartenpalais Schwarzenberg** (III D5/6) wurde 1697–1715 für Franz Graf Mansfeld Fürst Fondi nach den Plänen Johann Lucas von Hildebrandts errichtet (es war dessen erstes Wiener Werk), jedoch 1716 ohne abgeschlossenen Innenausbau an Fürst Adam Franz Schwarzenberg veräußert, der Johann Bernhard Fischer von Erlach mit der Vollendung betraute. 1751 kamen eine Reitschule und eine Orangerie von Andrea Altomonte hinzu. Auf der Ehrenhofseite ist dem Bau eine geschwungene Auffahrtsrampe mit Vestibül vorgelagert, auf der Gartenseite dominiert die Ringkrone des zweigeschossigen Kuppelfestsaals mit halbkreisförmiger Exedra den Bau. Fischer verlieh durch Veränderung der Öffnungen und der Wandgliederung der Gartenseite und dem Inneren mehr Spannung. Die Fresken Daniel Grans (1723–25) im Kuppelsaal wurden im Zweiten Weltkrieg zerstört, erhalten blieb der Marmorsaal mit der barocken Bildergalerie und dem Deckenfresko Grans mit *Apoll* sowie den Tugenden und Wissenschaften, die über Dummheit und Bosheit triumphieren (1726). Noch auf Hildebrandt geht die Gestaltung der Kapelle (dort zwei Rubens-Gemälde mit *Ganymed* und *Romulus und Remus* und ein Deckenbild der *Göttin Flora* von Gran) zurück.

Die **Gardekirche zu Ehren des gekreuzigten Heilands** (I D5), als Kirche des ehem. Kaiserspitals 1755–63 in den Formen eines späten, zum Klassizismus überleitenden höfischen Rokokos erbaut, ist eines der Hauptwerke von Nicolaus Pacassi. 1769 wurde die Fassade durch Peter Mollner in stärker dem Klassizismus verpflichteten Formen vereinfacht. Da der Bau 1782–1897 der poln. Leibgarde diente, wurde er in der Folge zur poln. Nationalkirche. Das Innere über leicht ovalem Grundriss und mit flacher Kuppel zeigt mit Rocaillen und Zopfelementen den Übergang vom Spätbarock zum Klassizismus. Das Hochaltarbild mit dem *Gekreuzigten* stammt von Peter Strudel (1700), der *Tod des hl. Joseph* im linken Seitenaltar von Ignaz D. Heinitz (vor 1742). Die klassizistische Kanzel ist 1795 datiert.

◆ **Schloss Belvedere** (III D6): Ab 1693 erwarb Prinz Eugen von Savoyen Grund für ein Gartenpalais mit Park und einem kleinen Belvedere (Lustschlösschen mit schöner Aussicht) auf der Anhöhe. 1713–16 wurde das Untere Schloss mit Wirtschaftsgebäuden und Stallungen nach Plänen von Johann Lucas von Hildebrandt errichtet, und wohl bis 1719 auch die zugehörige Orangerie. 1721/22 konnte der Prinz die Erweiterung über das ursprünglich intendierte Maß hinaus zu einer der großartigsten Schlossanlagen des Barock in Angriff nehmen und mit dem Oberen Belvedere eine Anlage errichten, die am ehesten mit dem Idealplan Fischers zu Schloss Schönbrunn zu vergleichen ist. Das Untere Belvedere diente als Sommersitz, das Obere war ein reines Repräsentationsschloss, dazwischen erstreckt sich der über Terrassen ansteigende Park nach Plänen des frz. Gartenarchitekten Dominique Girard. 1752 wurde die Anlage von der Erbin an Maria Theresia verkauft. 1764 fügte Nicolaus Pacassi am Unteren Belvedere einen Verbindungstrakt zwischen Wirtschaftshof und Schloss an. In den Jahren nach 1775 wurde das Schloss Aufbewahrungsort eines großen Teiles der kaiserlichen Kunstsammlungen, das Obere Belvedere allerdings 1894 zur Residenz des Thronfolgers Franz Ferdinand, nach 1919 wieder Gemäldegalerie.

Das **Untere Belvedere** ist ein horizontal ausgerichteter eingeschossiger Bau mit gleicher Fassadengestaltung auf Ehrenhof- und Gartenseite. Die durchgehend gestaltete Wand, das wenig plastische, zarte Wandrelief, die Zusammenbindung des Baukörpers durch gleiche Instrumentierung an den Flügeln und am Mittelpavillon, die reichen Akzente in der Dachzone und die geniale Verbindung von Bau und natürlicher Umgebung – Letzteres war ihm immer ein besonderes Anliegen – zeigen Hildebrandts charakteristische Architekturauffassung. Der Figurenschmuck wird Giovanni Stanetti und Johann Jakob Schoy zugeschrieben. Im Inneren sind unter den Prunkräumen v. a. der Marmorsaal mit dem Deckenfresko *Apotheose des Prinzen Eugen* von Martino Altomonte (1716) und der Architekturmalerei von Gaetano Fanti, das ehem. Schlafzimmer mit Scheinkuppel von Fanti und Medaillons von Altomonte (1716), die gemalte Stuckdecke von Peter Krafft im ehem. Speisezimmer (1852), die mythologischen Malereien Jonas Drentwetts im Groteskensaal, die mythologischen Figuren Domenico Parodis in der Marmorgalerie und das bald nach 1752 umgestaltete Spiegelkabinett besonders beachtenswert.

Das **Obere Belvedere**, fünf Jahre später in beherrschender Position auf einer Anhöhe über der Stadt errichtet, ist ein langgestreckter einflügeliger Bau mit Pavillons. Die Umrissführung der gestaffelten Dachlandschaft und die Attikastatuen und Trophäen sind für die Gesamtwirkung von größerer Bedeutung als die Binnengestaltung, die in für Hildebrandt typischer Weise eher einem flächig bewegten Ornament gleicht und auf eine klassische Pilasterordnung verzichtet. Auf der Ehrenhofseite ist dem Bau ein großes Wasserbassin vorgelagert. Die Arkaden des Mittelrisalits waren auf der Gartenseite einst offen. Im Inneren, an dessen Ausstattungsentwürfen auch Claude Lefort-Duplessis beteiligt war, sind die Sala terrena, das Treppenhaus mit Hermenpilastern, der Marmorsaal, das weiße Marmorkabinett und die Schlosskapelle in ihrer ursprünglichen Konzeption erhalten. Die reiche Stuckdekoration geht auf Santino Bussi zurück. Im ehem. Gartensaal haben sich das Deckengemälde *Apoll und Aurora* von Carlo Innocenzo Carlone und Architekturmalereien von Gaetano Fanti erhalten. Im Marmorsaal stammen die Bilder der Kaminaufsätze von Johann Ignaz Heintz, das Deckenfresko mit der *Apotheose des Prinzen Eugen* und die Schlachtenszenen zwischen den Ovalfenstern wieder von Carlone und die Quadraturmalerei von Fanti. Im ehem. Antichambre und im ehem. Konferenzzimmer schuf Giacomo del Pò die Deckenbilder. Das Deckenbild in der Kapelle mit der *Hl. Dreifaltigkeit* ist wieder ein Werk Carlones, das Altarbild mit der *Auferstehung Christi* eines von Francesco Solimena (1731).

Der seit 1779 öffentlich zugängliche **Park** stellte in der ursprünglichen Konzeption Girards eine Verbindung ital.-manieristischer und frz.-barocker Gartentraditionen dar und war in seinem ikonographischen Programm mit zahlreichen Skulpturen ganz auf den Hausherrn ausgerichtet.

Salesianerinnenkirche Mariae Heimsuchung (III D6): Wie das zugehörige Kloster und dessen ehem. Erziehungsanstalt für adelige Mädchen geht der Kirchenbau, 1719–28 unter

Donato Felice d'Allio errichtet, auf eine Stiftung von Kaiserin Amalia Wilhelmina (Witwe Kaiser Josephs I.) zurück. Im rechten Klosterflügel richtete sie ihren Witwensitz ein, in der Gruft unter dem Hochaltar der Kirche ist sie begraben. Die von den Klostergebäuden umrahmte Kirchenfassade, an deren Gestaltung vielleicht auch Antonio Beduzzi mitgewirkt hat, entspricht dem Typus römischer Barockkirchen und besticht durch Einfachheit und noble Proportionen. Die Statuen stellen die *Hll. Augustinus* und vermutlich *Ambrosius* und auf dem Giebel *Maria Immaculata* dar. Im längsovalen Saal dominiert die steile Kuppel mit der *Aufnahme Mariens in den Himmel* von Giovanni Antonio Pellegrini (1725–27). Die locker zwischen den Wolken verteilten Figuren des venezianischen Meisters haben den Typus der älteren strengen Ringkomposition hinter sich gelassen und wurden so für die nachfolgende österr. Barockmalerei vorbildlich. Der von Antonio Beduzzi geschaffene Hochaltar (1726) enthält eine *Heimsuchung Mariae* von Antonio Bellucci. Seitlich sind in die Chorwände die *Verkündigung an Maria* und die *Geburt Jesu Christi* von Jakob van Schuppen (vor 1727) eingelassen. Im 1. Seitenaltar links befindet sich eine *Beweinung Christi* von Victor Honoré Janssens (1719), im 2. Seitenaltar die *Schlüsselübergabe an Petrus* von Pellegrini (um 1725). Der 1. Seitenaltar rechts enthält *Die Ordensgründung durch den hl. Franz von Sales*, der 2. Seitenaltar *Maria Magdalena vor dem Auferstandenen* von Julie Mihes-Primisser (1856). Das Salesianerinnenkloster besitzt kostbare Paramente (liturgische Gewänder) und eine um 1320 in Wien entstandene bedeutende Marienstatue.

Belvedere 21 (III D7): Der Bau wurde von Karl Schwanzer als österr. Pavillon zur Weltausstellung von 1957/58 in Brüssel errichtet. Heute beherbergt er ein Museum für zeitgenössische Kunst.

Arsenal (III E7): Der riesige historistische Gebäudekomplex in Backstein und venezianisch-mittelalterlichen und byzantinisierend-orientalisierenden Formen, aber noch mit klassizistischer Gesamtdisposition wurde nach der Märzrevolution 1848 als festungsartige Anlage mit Türmen und Zinnen von Kaiser und Militär errichtet (1849–56) – im Zuge der Stadtverteidigung gegen die eigene Stadtbevölkerung. Er beherbergte Kasernen, Waffenfabriken, Waffenmagazine, eine auch als Toranlage fungierende Kommandantur, Artilleriewerkstätten, ein Spital und eine Kapelle. Die Architekten waren Ludwig von Förster, Theophil von Hansen, Eduard van der Nüll und August Sicard von Sicardsburg (Kommandantur) und Carl Rösner (Kapelle Maria vom Siege). Die Kommandantur gemahnt an eine Schloss- oder Festungsanlage und orientiert sich an engl. Schlossbauten der Zeit. Die Kapelle entspricht in ihrer Grundform einer gotischen Palastkapelle, in ihren Dekorformen jedoch der ital. Romanik und der Kunst des byzantinischen Reichs. Im 1. Mittelhof erbaute Theophil von Hansen 1850–57 das prunkvolle Waffenmuseum – den ersten eigenständigen Museumsbau Wiens, eine Art vaterländische Ruhmeshalle; die Ausstattung war jedoch erst 1891 vollendet. Mit seinem byzantinisierend-orientalisierenden Stil gilt der Bau als ein Höhepunkt des Historismus. Im Vestibül und Treppenhaus sind unter allegorischen Deckenfresken von Karl Rahl (1863/64) Marmorstatuen und -büsten bedeutender österr. Feldherren aufgestellt. In der beeindruckenden Ruhmeshalle schuf Karl Blaas mit *Szenen aus der Kriegsgeschichte der Monarchie* (1859–71) den umfangreichsten Bilderzyklus des 19. Jh.s in Österreich. Das heutige **Heeresgeschichtliche Museum** zeigt die Geschichte der österr. Armee und der österr. Marine bis zum Ersten Weltkrieg, Relikte von der Ermordung des österr. Thronfolgers Franz Ferdinand in Sarajewo 1914, Exponate zu bedeutenden österr. Feldherren, Schlachten und Kriegen und die größte Geschützsammlung Europas.

Das sog. **Domenig-Haus** (III D8) wurde 1975–79 von Günther Domenig als Zentralsparkasse Favoriten errichtet, in einer Mischung aus technischen und expressiv-organischen Formen und mit innen sichtbarer Konstruktion und Haustechnik. Der Eingang öffnet sich wie eine Schnauze, ein Knick in der Fassade bildet den Übergang zu den oberen Geschossen, das Dach ähnelt einer Gebirgslandschaft. Nach dem Auszug der Bank zogen 2022/23 ein Hotel und ein türkisches Lokal ein.

Das **Amalienbad** (III D8), 1923–26 vom Wiener Stadtbauamt als Repräsentationsbau des Roten Wien errichtet, weist Skulpturenschmuck von Karl Stemolak und Theodor Igler auf. Der Bau wirkt blockhaft, jedoch abgetreppt, mit Steigerung zur Mitte und Bekrönung durch einen Uhrturm. Im repräsentativen Inneren haben sich sehenswerte Mosaike und Fliesen im Art-déco-Stil erhalten. Dieses Bad war einst eines der größten in ganz Europa und enthielt neben einem Sporthallenbad, Dampfbädern und öffentlichen Reinigungsbädern (Tröpferlbad) auch eine Kuranstalt.

Die **Spinnerin am Kreuz** (bei Triester Str. 52, III C8), die bedeutendste Wegsäule Wiens, lag in der Nähe der Richtstätte (letzte Hinrichtung 1868) an der Fernstraße nach Süden. Der architektonische Entwurf mit einem Tabernakel über Stufenpodest und Sockel und mit bekrönendem Helm stammt von Hans Puchsbaum, dem Leiter der damaligen Dombauhütte (1451/52). Durch spätere Überarbeitungen – die meisten Kleinfiguren gehen auf die Erneuerungen des 19. Jh.s zurück – hat sich vom originalen Skulpturenschmuck nicht allzu viel erhalten. Die in der Barockzeit hinzugekommenen Statuen von Matthias Rott (1710, Bezirksmuseum Favoriten) sind am Denkmal durch Kopien ersetzt. Die vier Figurengruppen stellen die *Dornenkrönung*, *Ecce homo*, *Geißelung* und *Kreuzigung Christi* dar.

In der weiteren Umgebung: Schloss Laxenburg und Kloster Heiligenkreuz

♦ **Schloss Laxenburg:** Das Areal der Herren von Lachsendorf mit kleiner Burg kam im 14. Jh. in den Besitz der Habsburger. Unter Albrecht III. ausgebaut, unter Maximilian I. mit einem Ziergarten nach niederländ. Art versehen und unter Leopold I. vergrößert und durch eine beachtenswerte Kirche (Antonio Carlone, Matthias Steinl) ergänzt, war das Alte Schloss (heute Filmarchiv Austria), die ehem. Wasserburg, bis zu Karl VI. die Sommerresidenz der Habsburger, um die herum sich der Hofadel eigene, weit modernere Landsitze errichtete. Maria Theresia erwarb den Blauen Hof und ließ ihn durch Nicolaus Pacassi unter Anfügung seitlicher Flügel zum Neuen Schloss ausbauen (heute IIASA-Forschungsinstitut). Der Park wurde nach frz. Art umgestaltet, das Grüne Lusthaus errichtet. Unter Joseph II. wurde die Gartenanlage 1782 größtenteils in einen engl. Landschaftspark und unter Franz I. zum romantischen Park mit »Rittergau« umgewandelt. Inmitten eines kleinen Sees ließ der Kaiser ab 1798 eine pittoreske neugotische Burg und einen Knappenhof errichten, die 1822–36 durch einen Zwischentrakt verbunden wurden. In diese **Franzensburg**, einem Hauptwerk des Romantischen Historismus, wurden Kunstwerke aus Klöstern und Schlössern eingebaut, darunter Fragmente der Capella speciosa aus Klosterneuburg (um 1220). Sie wurde nicht bewohnt, sondern war öffentlich zugänglich als Museum und Denkmal der habsburgisch-österr. Geschichte (u. a. mit einer Ahnengalerie). Im weitläufigen Park wurden neben dem älteren Concordiatempel (1795) eine Rittergruft, eine Rittersäule und ein Turnierplatz angelegt.

♦ **Zisterzienserkloster Heiligenkreuz**: 1133 wurde durch Markgraf Leopold III. auf Initiative seines Sohnes Otto (damals Zisterziensermönch, später Bischof von Freising) das erste Zisterzienserkloster im Gebiet der Babenberger gestiftet. 1136 wurde der Grundstein zur Stiftskirche Mariae Himmelfahrt gelegt, 1187 erfolgten die Weihe und die Stiftung einer kostbaren Kreuzreliquie durch Leopold V. Die dreischiffige romanische Pfeilerbasilika erhielt um 1145 ein Querhaus mit Chorquadrat und im 13. Jh. den berühmten Hallenchor mit Kreuzrippengewölbe, geradem Chorschluss und den ersten Bündelpfeilern im Raum Wien – ein Hauptwerk der gotischen Architektur in Österreich, das für St. Stephan und andere Bauten zum Vorbild wurde. Als Ausstattungsstücke verdienen Gemälde von Johann Michael Rottmayr und Martino Altomonte und das Chorgestühl von Giovanni Giuliani besondere Erwähnung. Die Stiftsgebäude mit frühgotischem Kreuzgang, Kapitelsaal (Grablege der Babenberger), Dormitorium, Fraterie und der barockisierten Bernhardi-Kapelle gehen auf Erneuerungen des 17. Jh.s zurück. Sehenswert sind die Dreifaltigkeitssäule (1737–39), der Josefsbrunnen (1739, beide Giuliani), das Sommerrefektorium mit der *Speisung der Fünftausend* von Altomonte und das Stiftsmuseum mit Tonmodellen von Giuliani.

Vom Stadtpark bis zum Zentralfriedhof

Das **Hauptmünzamt** (I D5) wurde 1835–38 im sog. Beamtenklassizismus von Paul Sprenger errichtet. Die Attikafiguren stammen von Josef Klieber. Neben Kaiserporträts birgt der Monumentalbau eine Stempelsammlung mit Prägestöcken, eine Münz- und eine Skulpturensammlung mit u. a. Reliefs von Georg Raphael und Matthäus Donner und Anton Zauner.

Elisabethinenkirche (St. Elisabeth; I D/E4/5): Seit 1718 bestand hier ein Spital; Franz Anton Pilgram baute es ab 1743 um und die Kirche neu. Deren Längsseite gestaltete er zur Schauwand mit Statuen der *Schmerzhaften Muttergottes* und der *Hll. Klara* und *Elisabeth.* Im Inneren mit Orgel- und Nonnenchor finden sich neben Werken des 19. Jh.s auch barocke Ausstattungsstücke nach dem Entwurf Pilgrams. Das Hochaltarbild mit der *Aufnahme der hl. Elisabeth in den Himmel* stammt der Tradition nach von Quirin Johann Zimbal, die Statuen stellen die *Hll. Franziskus, Joseph, Anna* und *Antonius* dar. Die Reliefs zeigen Szenen aus dem Leben der hl. Elisabeth. Der *Hl. Livinus* am rechten Seitenaltar ist ein Werk Johann Georg Baumgartners (1711). Im Kloster hat sich auch eine Rokoko-Apotheke mit Deckenmalereien aus dem Maulbertsch-Umkreis erhalten.

Rochuskirche (III E5): Kaiser Ferdinand III. ließ den frühbarocken Bau mit Kloster für die von ihm berufenen Unbeschuhten Augustinereremiten ab 1642 errichten. Die Fassade wurde 1711–21 mit Pilasterkolossalordnung und zwei Türmen neu gestaltet (Anton Ospel zugeschrieben), mit Statuen der *Hll. Sebastian, Maria* und *Rochus* unten, *Ulrich* und *Rosalia* darüber und *Augustinus* zwischen *Johannes von Sahagun* und *Nikolaus von Tolentino* auf dem Giebel (Anton Eberl, 1721). Die qualitätvolle Innenausstattung mit Barockaltären und Kaiseroratorien entstand überwiegend um 1690. Der vom Kaiser 1689 gestiftete Hochaltar mit Spiralsäulen als Ausdruck habsburgischer Romtreue zeigt die *Muttergottes mit Pestheiligen* von Peter Strudel – sie bittet für das von der Pest heimgesuchte Wien. Die Statuen (ebenfalls Strudel) stellen *Heinrich II., Leopold III., Wenzel von Böhmen* und *Stephan von Ungarn* dar.

Palais Rasumofsky (III E5): Das 1803–07 für den russ./ukrain. Fürsten Andreas Kirillowitsch Rasumofsky von Louis Montoyer errichtete Gartenpalais gilt als Hauptwerk des Wiener Klassizismus. Der blockartige Bau besticht durch seine ionische Kolossalordnung, führt aber mit der Attikabalustrade und der großen Dekorfülle barocke Traditionen weiter. Im Inneren sind der Kuppelsaal und der elegante Festsaal mit für den Klassizismus unüblich reichem Skulpturenschmuck beachtenswert.

Haus Wittgenstein (Bulgarisches Kulturinstitut; III E5): Der für Margarethe Stonborough-Wittgenstein 1926–28 von deren Bruder, dem Philosophen Ludwig Wittgenstein, und dem Loos-Schüler Paul Engelmann errichtete Bau ist ein Musterbeispiel puristisch-funktionalistischer Architektur. Er wird heute u. a. für Ausstellungen genutzt.

Hundertwasserhaus (II E4): Die Wohnhausanlage der Gemeinde Wien mit 52 Wohnungen und vier Geschäftslokalen wurde 1982–85 nach Entwürfen Friedensreich Hundertwassers durch die Architekten Joseph Krawina und Peter Pelikan errichtet. Mit der bewusst individualistisch gestalteten Fassade in Spektralfarben, mit unterschiedlichen Fenstern, Erkern, Türmchen und Balkonen, mit z. T. schiefen Wänden und unebenen Böden, dichter Begrünung an der Fassade und auf dem Dach sowie farbig gekennzeichneten Wohneinheiten steht der Bau in der Nachfolge der Wiener Secession und Antoni Gaudís. Ihm liegt Hundertwassers Kampf gegen die gerade Linie, den Funktionalismus und die Seelenlosigkeit der Moderne zugrunde.

Der **Karl-Borromäus-Brunnen** (I E5), dem Mailänder Pestheiligen gewidmet, wurde 1904–09 durch Josef Plečnik und Josef Engelhart errichtet – ein Beispiel für den Wiener Secessionsstil.

Portois & Fix (I E5): Der Repräsentationsbau, 1899–1900 vor den Produktionsstätten des damals international bekannten Ausstattungsunternehmens errichtet, gilt als Hauptwerk von Max Fabiani. Der Ständerbau war ursprünglich im Ladenbereich granitverkleidet; in Anlehnung an das Majolikahaus Wagners besitzt er schlichten geometrischen Fliesendekor.

Die **Januarius-Kapelle** (III E6), von Johann Lucas von Hildebrandt 1734/35 errichtet, gehörte einst zum Gartenpalais Harrach (zerstört). Sie bewahrt eine *Enthauptung des hl. Januarius* von Martino Altomonte (1735).

Mahnmal Aspangbahnhof (III E6): Das 2017 eingeweihte Mahnmal für Deportationsopfer – vom einstigen Aspangbahnhof wurden fast 50 000 Menschen deportiert – stammt vom Künstler-Duo PRINZpod.

Waisenhauskirche Maria Geburt (III E/F6): Die auf einem Entwurf von Thaddäus Adam Karner basierende Kirche wurde 1768–74 von Leopold Grossmann für das damalige Waisenhaus der Stadt (vgl. die Architrav-Inschrift) errichtet, das später in eine Kaserne umgewandelt wurde. Die Winterreitschule hinter der Kirche, um 1854 von August Sicard von Sicardsburg und Eduard van der Nüll errichtet, erinnert noch daran. Zwischen den am Rennweg noch vorhandenen Waisenhaustrakten erhebt sich eine schlichte zweigeschossige Fassade mit Doppelpilastergliederung und Segmentbogengiebel. Der Kirchenraum in Weiß und Gold ist ein sehenswertes Beispiel des Übergangs vom Spätbarock zum Klassizismus. Der Hochaltar besitzt einen mächtigen Tabernakel mit drei Kuppeln und Statuetten von *Petrus*, *Johannes* und *Jakobus* in der Mitte und *Moses* und *Elias* an den Seiten und ist auf die *Verklärung Jesu auf dem Berg Tabor* zu beziehen. Das Altarbild mit der *Geburt Mariens* (um 1770) wird heute Franz Zoller zugeordnet. Die seitlichen Heiligenstatuen stellen die kaiserlichen Namenspatrone *Theresa von Avila* rechts und *Franz von Assisi* links dar. Der linke Seitenaltar besitzt ein Bild des *Gekreuzigten* von Norbert Baumgartner zwischen den Statuen des *Apostels Paulus* und von *Franz Xaver*. Das Bild der *Schmerzhaften Muttergottes* vom rechten Seitenaltar, ebenfalls von Baumgartner, wird von den Statuen der *Hll. Ignatius von Loyola* und *Kamillus von Lellis* ergänzt. Zu den weiteren Ausstattungsstücken

Waisenhauskirche, Hochaltar

gehören die Kalvarienbergszene des Passionsaltares, der Kindheit-Jesu-Altar mit der *Anbetung der Hl. Drei Könige*, die Kanzel und die Orgel.

Der **St. Marxer Friedhof** (III F7) ist der einzige Friedhof aus der Zeit Kaiser Josephs II. – 1784 angelegt und 1874 aufgelassen – und hat Grabstätten bedeutender Persönlichkeiten und beachtenswerte Grabmäler. Hier liegt auch Wolfgang Amadeus Mozart in einem unbekannten Grab.

Gasometer Simmering (Guglgasse 6–14): Die vier 1893–99 errichteten Gasbehälter wurden 2002 durch Jean Nouvel, Coop Himmelblau, Manfred Wehdorn und Wilhelm Holzbauer in Wohnanlagen mit Einkaufszentrum umgewandelt, wobei das Äußere zu erhalten war. Insgesamt bleibt die Lösung problematisch, da das Denkmal zur Hülle verkommt und zusätzlich die Wohnqualität im Inneren fehlt.

Neugebäude (Simmeringer Hauptstr. 337): Die 1564–87 unter Kaiser Maximilian II. als Lustschloss mit Garten errichtete Anlage ist nur noch bruchstückhaft erhalten, besitzt jedoch noch die älteste erhaltene Grottenanlage im deutschsprachigen Raum.

Der **Zentralfriedhof** (Simmeringer Hauptstr. 234) gilt als die größte Totenstadt Europas. Er wurde ab 1866 nach Plänen von Karl Jonas Mylius und Alfred Friedrich Bluntschli angelegt, ab 1881 kam die Anlage der Ehrengräber mit Grabstätten bedeutender Persönlichkeiten hinzu, 1905 der repräsentative Haupteingang (Tor 2) nach Plänen von Max Hegele, 1908–10 in der Hauptachse die Friedhofskirche zum hl. Karl Borromäus (Dr.-Karl-Lueger-Gedächtniskirche) in neoklassizistischen und Jugendstilformen. Der monumentale Zentralbau, zugleich Mausoleum des 1910 verstorbenen Wiener Bürgermeisters Dr. Karl Lueger, birgt in seinem schwer wirkenden Inneren Skulpturen, Glasfenster, Mosaike und Fresken im Wiener Secessionsstil (man vergleiche Otto Wagners Kirche am Steinhof).

1921–23 baute Clemens Holzmeister auf dem Gelände der gegenüberliegenden Schlossanlage Neugebäude das **Krematorium** (Simmeringer Hauptstr. 337) unter Einfluss der Architektur von Dominikus Böhm in kubisch-expressionistischen Formen: Der mit Zackenband als Zinnen besetzte und von einem

Mittelturm mit vier Schornsteinen als Ecken überhöhte Außenbau erinnert an orientalische Vorbilder, aber auch an mittelalterliche Festungen. Dagegen wirkt das Innere mit der gekuppelten Aufbahrungshalle gotisch inspiriert. Die Bilder *Leben* und *Chronos* über den seitlichen Eingängen der zentralen Kuppelhalle zu den Zeremonienräumen stammen von Anton Kolig (1927). Auch die **Israelitische Zeremonienhalle** von Ignaz Nathan Reiser aus den Jahren 1926–28 (Simmeringer Hauptstr. 224) ist ein orientalisch inspirierter Kuppelbau des Art déco.

Vom Zentrum nach Westen

Vom Mariahilf bis Penzing

Die **Laimgrubenkirche** (Pfarrkirche hl. Josef ob der Laimgrube; I B5) von 1906/07 ist eine Kopie der Kirche des Karmeliterordens, die 1687–92 an der Mariahilfer Straße gebaut und später dem Straßenbau geopfert wurde. Die Fassadenstatuen der *Madonna* auf dem Giebel (spätes 17. Jh.), des *Hl. Johannes Nepomuk* (1723, unten rechts) und von *Elias* und *Elisäus* (um 1760/70, oben) stammen ebenso aus der alten Kirche wie die Inneneinrichtung mit dem Altarbild des *Hl. Joseph* von Josef Schönmann (1866), dem Johannes-Nepomuk-Altar von Matthias Steinl (1705–10), der *Geburt Mariens* von Johann Georg Schmidt (um 1720) im Marienaltar und dem *Tod des hl. Joseph* von Franz Anton Maulbertsch (um 1766) gegenüber.

Die **Stiftskirche zum Hl. Kreuz** (I B5) wurde 1739 vermutlich nach Plänen Joseph Emanuel Fischer von Erlachs errichtet, doch der spätere Fußgängerdurchgang unter der Orgelempore nimmt ihr die Wirkung. Ursprünglich für das Chaos'sche Stiftungshaus geschaffen, diente sie, als die Anlage zur Kaserne umgewandelt wurde, als Garnisonskiche. Der spätbarocke Zwiebelturm nach einem Entwurf von Johann Henrici ist eine Ergänzung von 1772. Die Fassadenfiguren stellen *Ecclesia* und *Synagoge* und *Christus Salvator* dar. Das Innere geht auf eine klassizistische Erneuerung (Beginn des 19. Jh.s) mit Szenen aus dem Leben Jesu zurück. Der Hochaltar enthält eine Darstellung von *Jesus am Kreuz* von Johann Michael Heß (1799). Die noch dem Spätbarock angehörenden Skulpturennischen im Langhaus zeigen auf der Eingangsseite rechts *Jesus am Ölberg* und links die *Geißelung*, auf der Chorseite rechts die *Dornenkrönung* und links die *Kreuztragung* (2. Viertel 18. Jh.). Die beiden Seitenaltarbilder mit der *Geburt* und der *Auferstehung Jesu* stammen von Vinzenz Fischer (Ende 18. Jh.).

Mariahilfer Kirche Maria Himmelfahrt (III B5): Der Baumeister der 1686–89 errichteten Kloster- und Wallfahrtskirche war Sebastiano Carlone. 1711–30 erfolgte ein Umbau nach Plänen von Franz Jänggl. Die 1724 entstandenen Fassadenstatuen der *Hll. Franz von Sales* und *Karl Borromäus* (unten), der *Himmelfahrt Mariens* (Obergeschoss) und des *Hl. Paulus* (Mittelgiebel) schufen Michael Ignatius Gunst und Karl Jakob. Die Kreuzigungsgruppe in der Barnabitengasse enthält einen *Gekreuzigten* von Kaspar Gerbl (um 1680) und um 1710 zu datierende Statuen von *Maria* und *Johannes*. Im Kircheninneren stammen die Deckenfresken mit Szenen aus dem Marienleben von Johann Hauzinger und Franz Xaver Strattmann (1759/60). Sie zeigen von der Orgelempore zum Chor: *Mariä Geburt, Verkündigung, Heimsuchung, Jesus im Tempel, Krönung Mariens.* Der Hochaltar mit dem *Gnadenbild Mariahilf* nach Lukas Cranach, das dem ganzen Bezirk den Namen gab, wurde nach einem Entwurf von Sebastian Haubt von Jakob Mösl 1757/58 mit Statuen der *Hll. Anna, Joseph, Joachim* und *Elisabeth* ausgeführt. Der Tabernakel ist eine Arbeit Johann Georg Dorfmeisters (1774), von dem auch die Figuren am Kreuzaltar in der 3. Kapelle links (um 1770) und am Paulus-und-Thekla-Altar (1771) in der 3. Kapelle rechts stammen. Die Darstellung des *Hl. Alexander Sauli* im linken Querschiffaltar gilt als Werk von Paul Troger (1760), die Statuen der *Hll. Sebastian* und *Rochus* von Dorfmeister. Die *Verkündigung an Joachim und Anna* im rechten Querschiffaltar wird Johann Michael Rottmayr zugeschrieben (1700). Die *Schutzengelgruppe* vor dem rechten Querschiff wurde 1725 von Ignatius Gunst geschaffen, ebenso die Kanzel (nach einem Entwurf von Antonio Beduzzi). Das *Dreifaltigkeitsbild* (Gnadenstuhl) in der 1. Kapelle links wird Martin Knoller zugeschrieben, das *Antoniusbild* ebenda ist ein

Werk von Matthias Mölk (1713). Der Johannes-Nepomuk-Altar (2. Kapelle links) stammt von Johann Michael Heß (1830). Die ursprünglich 1763 von Johann Hencke erbaute Orgel besitzt noch ihr originales Gehäuse.

Die **Schottenfelderkirche** (St. Laurenz am Schottenfeld; III A5), 1784–86 von Andreas Zach errichtet, ist ein Werk des Übergangs vom Spätbarock zum Klassizismus. Der Saalbau mit Einturmfassade bewahrt neben Deckenmalereien von Leopold Schulz, Ignaz Schönbrunner, Anton Roux und Friedrich Staudinger (1869–71) einen auf einem Entwurf von Johann Baptist Hagenauer basierenden und von Benedikt Henrici ausgeführten klassizistischen Hochaltar (1784–86) mit Skulpturen von Johann Ferdinand Prokop. Das Altarbild mit der *Apotheose des hl. Laurentius* wird Peter Strudel zugeschrieben. Der Statuenschmuck der ebenfalls noch dem 18. Jh. entstammenden klassizistischen Querhausaltäre mit *Maria mit dem Kind auf der Weltkugel* und dem *Gekreuzigten* stammt von Joseph Käßmann (1836) und weist bereits einen romantisch-nazarenischen Stil auf.

Das **Volkstheater** (I B4/5), 1888/89 von Ferdinand Fellner und Hermann Helmer in Neorenaissanceformen errichtet, war seinerzeit der größte Theaterbau im dt. Sprachraum. Der weiträumige Zuschauerraum ist als Rangtheater konzipiert. Die malerische Ausstattung in Neorokokoformen und der Hauptvorhang stammen von Eduard Veith. Die flächig wirkende, vergoldete Stuckdecke von Ludwig Strictius bewahrt noch Teile des Skulpturenschmucks von Theodor Friedl. Vor dem Theater ist die Sitzfigur des Dichters *Ferdinand Raimund* mit einer Personifikation der *Poesie* von der Hand Franz Vogls (1890–98) aufgestellt.

Palais Trautson (I B4): Der 1710–16 als Sommerpalast für Johann Fürst Trautson errichtete und später mehrfach veränderte Bau zählt zu den späten Hauptwerken Johann Bernhard

Fischer von Erlachs. Die Bauausführung lag in den Händen von Christian Alexander Oedtl. Die Fassadenskulpturen werden Benedikt Stöber zugeschrieben. Fischer schuf hier – wohl auf Wunsch des Bauherrn – eine Verbindung von Stadtpalast und Gartenpalais. So entsprechen die Fassadengestaltung und die innere Raumkonzeption der Tradition des Stadtpalasts, Sala terrena und Orangerie gehören jedoch zum Raumprogramm von suburbanen Gartengebäuden. Der kubisch und streng wirkende Bau mit kräftig vorspringendem, reich geschmücktem und das Gesims des Baukörpers überragendem Mittelrisalit wird von einer Figurenattika bekrönt. Der plastische Schmuck zeigt über dem Portal und den Fensterverdachungen fürstliche Tugenden und in den Reliefs über den Fenstern *Apoll und die Pythonschlange*, *Hermes und Io*, *Apoll und Daphne*, *Zeus und Typhon*, *Hermes*, *Pallas Athene mit dem Haupt der Gorgo Medusa*, *Perseus und Andromeda* und *Jason*. Im Tympanon ist die *Götterversammlung* im Olymp dargestellt, auf der Attika befinden sich Götter und Musen. 1760, nun in kaiserlichem Besitz, wurde das Palais zum Sitz der Ungarischen Garde. Im Inneren entsprechen Vestibül, Innenhof, Prunktreppe mit Giovanni Giuliani zugeschriebenen Atlanten und großer Saal mit Gemälden ungar. Gardekapitäne (darunter *Fürst Anton Esterházy* von Martin Knoller) dem für Stadtpaläste üblichen Programm, während im Erdgeschoss des rechten Traktes die Sala terrena mit Quadraturmalerei von Marcantonio Chiarini und Gaetano Fanti den Bau zum Garten hin öffnet. Fischer erreichte mit diesem Bau eine für Wiener Barockpalais eher seltene Monumentalität und Grandezza.

Die **Mechitaristenkirche Maria Schutz** (I B4), 1871–73 in Neorenaissanceformen von Camillo Sitte errichtet und mit entsprechender Ausstattung, bewahrt neben dem *Gnadenbild Maria Mutter der schönen Liebe* aus dem 17. Jh. ein Franz Anton

Maulbertsch zugeschriebenes Gemälde mit *Anna lehrt Maria lesen.*

Ulrichskirche (I B5): Joseph Reymund ersetzte hier 1752–71 einen älteren Bau. Der Neubau mit Doppelturmfassade und Freitreppe ist mit Statuen der *Hll. Benedikt, Ulrich, Aloysius* und *Johannes Nepomuk* von Franz Seegen geschmückt. Die Innenausstattung bewahrt neben weiß gefassten Figuren von Franz Seegen im Hochaltar die *Vision des hl. Ulrich in der Schlacht auf dem Lechfeld* von Paul Troger (1750), seitlich im Chor eine Johann Baptist Wenzel Bergl zugeschriebene Darstellung *Jesu im Tempel* und in der linken vorderen Seitenkapelle das *Martyrium der Apostel Judas Thaddäus und Simon Zelotes* von Franz Anton Maulbertsch (um 1760). In der Kapelle an der Nordseite wird eine beachtenswerte *Grablegung Christi* dem Umkreis von Georg Raphael Donner zugeschrieben (3. Viertel 18. Jh.). Die **Pestsäule** mit den *Hll. Rosalia, Barbara, Sebastian* und *Rochus* und *Maria* und der *Hl. Dreifaltigkeit* vor der Apsis der Kirche wurde 1713 errichtet.

Die **Mietshäuser Döblergasse Nr. 2 und 4** (II B4), 1909–11 erbaut, gehören zu den letzten Werken Otto Wagners. Charakteristisch sind die schlicht verputzten Fassaden mit schwarzen Glasplatten bzw. blauen Fliesen als Dekor. In Nr. 4 befanden sich die Stadtwohnung und das Atelier Otto Wagners, heute das Otto-Wagner-Archiv der Akademie der bildenden Künste.

Altlerchenfelder Kirche Zu den sieben Zufluchten (II A4): Dieser wohl bedeutendste Kirchenbau des Romantischen Historismus in Wien wurde 1848–53 errichtet. Begonnen und bis zum Sockel ausgeführt wurde er nach einem Plan des Hofbaurates Paul Sprenger in den »lateinischen« Formen des Klassizismus. Mit dem Wunsch nach einem nationalen, vaterländischen Stil wurde der Bau nach der 1848er-Revolution jedoch eingestellt und nach einem Wettbewerb dem jungen Schweizer Architekten Johann Georg Müller übergeben. Dieser führte ihn in einer romantisierenden Mischung aus neuromanischen, neugotischen und ital.-mittelalterlichen Formen mit großen Wandflächen aus. Nach dem frühen Tod Müllers (1849) übernahm erst Eduard van der Nüll die Bauleitung, anschließend Franz Sitte. Van der Nüll war auch für die Innenausstattung zuständig und entwarf die rein dekorative Malerei (von Pietro Isella ausgeführt). 1861 erfolgte die Schlussweihe. Der basilikale Backsteinbau mit Zweiturmfassade und achteckiger Vierungskuppel weist im Inneren ein Langhaus mit Stützenwechsel und Kreuzrippengewölbe auf. Die Ausstattung stellt in der Tradition alter Kathedralprogramme ein Abbild der göttlichen Weltordnung dar und fand ihrerseits eine reiche Nachfolge. Vorbild dürften die Ludwigskirche und die Allerheiligenhofkirche in München gewesen sein. Programm und Ausführung der Freskendekoration, eines der Hauptwerke nazarenischer Malerei, basieren auf dem Konzept und z. T. auf Kartons von Joseph von Führich. Als Maler waren v. a. seine Schüler Leopold Kupelwieser, Karl Blaas, Karl Binder, Karl Mayer, Josef Schönmann, Franz Dobiaschofsky und Eduard Engerth tätig. Die Darstellungen zeigen in der Vorhalle die *Schöpfungsgeschichte*, an der Eingangswand den *Engelssturz* und das *Jüngste Gericht* und Propheten und das *Leben Jesu* im Langschiff und im Chor. Im Querschiff sind das *Letzte Abendmahl* (links) und eine *Sacra Conversazione* und Vorläuferinnen Mariens (rechts) von Leopold Kupelwieser zu sehen. In der Vierungskuppel erscheinen die Seligpreisungen der Bergpredigt, ebenfalls von Kupelwieser. Das Apsisfresko versinnbildlicht zusammen mit dem Triumphkreuz die Sieben Zufluchten (*Dreifaltigkeit*, *Cruzifixus*, *Altarsakrament*, *Muttergottes*, Schutzengel, Heilige, arme Seelen) und die Sieben Notstände nach einem Entwurf von Führich, ausgeführt durch Engerth. Die Altäre selbst und die übrige Einrichtung gehen größtenteils auf Entwürfe van der Nülls zurück.

Maria vom Siege (Mariahilfer Gürtel): Der oktogonale Zentralbau mit Kuppel und Fassadentürmen in neugotischen Formen wurde 1868–75 durch Friedrich von Schmidt geschaffen. In der Außenansicht dominiert die 24-teilige Kuppel in Eisenkonstruktion. Im Inneren erhebt sich das Klostergewölbe über acht Bündelpfeilern und den Fenstern des Oktogons mit Bandrippen und Graten. Der Umgang weist Kreuzgratgewölbe auf und öffnet sich zu hohen flachen Kapellennischen und niedrigen, polygonal geschlossenen Kapellenräumen. Die Wandmalerei stammt v. a. von Carl Schönbrunner, Karl Madjera und Ludwig Mayer. In der Kuppel finden sich *Christus*, die vier Evangelisten, die vier lateinischen Kirchenväter, Propheten und Heilige, in der Apsis und im Umgang Szenen aus dem Leben Jesu und über dem Triumphbogen die *Krönung Mariens*. Auch die neugotische Einrichtung mit ihrem meist von Franz Erler stammenden Statuenschmuck ist weitgehend erhalten. Benannt ist die Kirche nach dem *Gnadenbild von S. Maria della Vittoria* in Rom, das in der Schlacht am Weißen Berg der katholischen Liga zum Sieg verholfen haben soll. Eine Kopie davon befindet sich im Marienaltar rechts vor dem Chor. Heute gehört das Gotteshaus der koptisch-othodoxen Kirche.

Stadthalle (Vogelweidplatz 14–15): Der für die Wiener Nachkriegsarchitektur wichtige Bau wurde 1953–58 durch Roland Rainer in dynamisch-konstruktiven Formen errichtet. Eine weitgespannte Stahlkonstruktion, elektrisch ausziehbare Tribünen und Vorhangsysteme machen die Haupthalle (100 × 100 m) variabel nutzbar, von Kongressen bis zu Sport- und Musikevents. 1974 fügte Rainer das Stadthallenbad hinzu, 2003–07 das Architekturbüro Dietrich/Untertrifaller einen Ergänzungsbau. Zur Stadthallenausstattung gehören Skulpturen von Wander Bertoni und Fritz Wotruba und in der VIP-Lounge der Gobelin *Die Welt und der Mensch* nach einem Entwurf von Herbert Boeckl (1958).

Heilig-Geist-Kirche auf der Schmelz (Herbststr. 82): Der spätsecessionistische Bau mit Krypta wurde 1910–13 nach Plänen von Josef Plečnik errichtet. Trotz modernem Sichtbeton wirkt er neoklassizistisch inspiriert und etwas spröde, mit Fassadenportikus aus Pfeilern und einem geometrisch-schlichten Innenraum. Mit den frei gespannten Trägern, die innen die Schiffe trennen, handelt es sich um einen der frühen Eisenbeton-Sakralbauten. Hinter dem Hochaltar von Adolf Otto Holub erscheinen die *Sieben Gaben des Hl. Geistes* nach einem Entwurf von Ferdinand Andri.

St. Jakob in Penzing (Einwanggasse 30): Der spätgotische Bau mit barocken Veränderungen durch Matthias Gerl (1758) und einer überwiegend spätbarock-klassizistischen Innenausstattung bewahrt im Hochaltar (1778) eine dem Umkreis von Franz Anton Maulbertsch entstammende Darstellung des *Hl. Jakobus d. Ä.*

St. Leopold am Steinhof (Wagner-Kirche; Baumgartner Höhe 1), 1905–07 von Otto Wagner für die damals größte und modernste psychiatrische Anstalt Europas – in der Gesamtanlage ebenfalls ein Wagner-Entwurf – erbaut, gilt als der bedeutendste Sakralraum des Jugendstils in Österreich. Er entspricht dem Jugendstilideal des Gesamtkunstwerks. Über einem mächtigen Natursteinsockel erhebt sich der blockhafte, in seiner Grundkonzeption noch dem barocken Typus des von einer Kuppel überhöhten Zentralbaus entsprechende Ziegelbau – dies verleiht ihm eine ausgeprägte Monumentalität. Die glatte Fassade ist mit dünnen Marmorplatten verkleidet und nur mit einem Fries mit Jugendstilmotiven dekoriert. Die Bronzestatuen der *Hll. Severin* und *Leopold* auf den Glockentürmen stammen von Richard Luksch, die vier Engel über dem Portal von Othmar Schimkowitz. Das stützenlose Innere des kreuzförmigen Baus wirkt mit sparsam ornamentierten Flächen aus Marmor und Golddekor klar und hell. Die Glasfenster stammen von Kolo Moser, darunter die *Sieben geistigen Werke der Barmherzigkeit* und die *Sieben leiblichen Werke der Barmherzigkeit*. Altäre und Ausstattung basieren auf Wagner-Entwüfen. Das Mosaik hinter dem Hochaltar mit dem *Segnenden Heiland und Heiligen* gilt als Arbeit von Remigius Geyling (1913), jene der Seitenaltäre stammen von Rudolf Jettmar. Die Kanzel schuf Paul Neumann.

Villa Wagner I und II (Hüttelbergstr. 26 und 28): Otto Wagner plante diese Villen auf nebeneinanderliegenden Grundstücken für sich selbst als Sommersitz. Die Bauten veranschaulichen seinen künstlerischen Wandel vom Historismus über den Jugendstil zur frühen Moderne. Die Erste Villa Wagner (1886–88) entspricht in ihren Formen mit Schauseite und Säulenportikus der Tradition der Renaissancevilla und dem Wiener Historismus. 1899 ließ Wagner noch ein Atelier mit Jugendstilglasfenstern von Adolf Böhm anfügen. Der Maler Ernst Fuchs, der die Villa ab 1972 besaß, fügte eigene Dekorationen und sein Privatmuseum hinzu. Die Zweite Villa Wagner (1912/13), mit blauen Glasplättchen geschmückt, besticht durch kubische Blockhaftigkeit und klar in die Fassade geschnittene Fenster. Der asymmetrische Dekor ist auf einzelne Zonen beschränkt, darunter von Kolo Moser entworfene und Leopold Forstner ausgeführte Mosaike. Die weit vorkragende Traufe mit Kassettenschmuck verdeckt das Dach des Stahlbetonbaus. Bewusst gewählt wurden Materialien wie Aluminium, Glasplatten, Stahlbeton, Eternit und Asphalt, die damals für Industrie und Moderne standen.

Das barocke **Schloss Laudon-Hadersdorf** (Mauerbachstr. 43), einst von einem bedeutenden Landschaftsgarten umgeben, ist 1539 als Wasserschloss und im 17. Jh. als Vierflügelanlage belegt. Das heutige Aussehen geht auf Umbauten in den Jahren um 1775 – Ernst Gideon Freiherr von Laudon erwarb das Anwesen 1776 – und im 20. Jh. zurück. Die Fassadengestaltung des Haupttraktes entspricht noch dem Zustand des 18. Jh.s. Im Inneren finden sich noch Skulpturen und Möbel aus dieser Zeit.

In der weiteren Umgebung: Purkersdorf

Sanatorium Purkersdorf (Purkersdorf, Wienerstr. 64– 66): Das damalige Sanatorium Westend für betuchte Nervenkranke wurde 1903–05 von Josef Hoffmann errichtet, mit einfacher kubischer Grundform, Flachdach, weiß-blauen Kachelstreifen als Akzenten an Gebäudekanten und Fensterrahmungen und sich wiederholenden geometrischen Grundformen, und von der Wiener Werkstätte ausgestattet. Der Bau, ausgeführt nach der damals modernsten Technologie, markiert den Übergang vom geometrischen Secessionsstil zur frühen Wiener Moderne. Der von Hoffmann entworfene zugehörige Park wurde einer Verbauung geopfert.

Von der Josefstadt bis Hernals

Haus Zum weißen Stern (I B4): Das barocke Bürgerhaus errichtete Donato Felice d'Allio 1711 unter Einbeziehung älterer Bausubstanz für sich selbst als Wohnhaus – mit Arkaden, Brunnen und Pawlatschen (offene Gänge) im Hof.

Theater in der Josefstadt (II B4): Der 1788 von Joseph Allio errichtete Bau erhielt 1822 durch Adam Hildwein nach Entwürfen von Joseph Kornhäusel seine heutige biedermeierliche Gestalt. Die Fassade entstand 1841. Zum Inneren mit Neorokokodekor und Schauspielerporträts des 19. Jh.s kamen unter Max Reinhard auch die Sträußelsäle, 1834 von Kornhäusel als Konzertsaal erbaut.

Piaristenkirche. Kolorierte Umrisszeichnung von Carl Schütz, um 1783

♦ **Piaristenkirche Maria Treu** (II A/B4): Als erstes Gotteshaus diente den 1697 nach Wien berufenen Piaristen die heutige Schmerzenskapelle. Der Bau einer größeren Kirche wurde 1716–31 von Franz Jänggl nach einem stilistisch Johann Lucas von Hildebrandt zugeschriebenen Entwurf begonnen und 1751–53 in veränderter Form durch Matthias Gerl vollendet. Möglicherweise hat auch Kilian Ignaz Dientzenhofer in die Gestaltung der Fassade eingegriffen. Die Schlussweihe fand 1771 statt. Die Türme wurden 1856–60 durch Franz Sitte fertiggestellt. Der Skulpturenschmuck der ondulierend gekurvten Fassade mit *Maria* und den Tugendpersonifikationen *Fides* und *Spes* stammt von Josef Mader (1752). Die Architekturdetails wirken leicht, zierlich und elegant, der ganze Bau mit dem hohen Giebelaufbau aufstrebend. Im Grundriss ist der längsovale Kuppelraum mit konvex einschwingenden Diagonalkapellen durch die Querovale von Vorhalle, Presbyterium und Kreuzarmen erweitert – eine für die Zeit typische Durchdringung von Längs- und Zentraltendenzen. Die Hauptwölbung besteht aus einer Hängekuppel, die mit Fresken von Franz Anton Maulbertsch (1752/53) dekoriert ist: In die Bildwelt leiten eine gemalte Balustrade und rundum führende Treppenanlage aus der Realarchitektur über. Dort werden Gestalten des Alten und des Neuen Bundes und Heilige als Vertreter der Heilsgeschichte vorgestellt, darunter *Eva, Noah, Abraham, Mose* und *Aaron, David, Salomo, Paulus,* die Apostel, *Thomas von Aquin, Hieronymus,* die Kirchenväter und *Joseph von Calasanz,* der Gründer des Piaristenordens. Im Zentrum wird das *Kreuz Christi* von Engeln aufgerichtet und schwebt *Maria* in den Himmel empor, um von der *Dreifaltigkeit* gekrönt zu werden. Die Dominanz des Koloristischen, die malerischen, farbigen Wolkennebel, die ekstatisch wiedergegebenen Figuren und der Verzicht auf eine reine Himmelsdarstellung genauso wie auf die alte Quadraturmalerei weisen moderne Tendenzen der Jahrhundertmitte auf. In der südlichen Querarmkuppel erscheint *Jakob beim Aufrichten des Steins in Bethel,* in der nördlichen der *Gute Hirte* (1753) und über der Orgelempore der *Engelssturz.* In der Chorkuppel ist nochmals *Maria in den Wolken* wiedergegeben. Das Hochaltarbild mit der *Vermählung Mariens* von Karl Rahl (1833) ersetzt ein verschollenes Werk von Maulbertsch, der *Gekreuzigte mit Maria Magdalena* links vor dem Presbyterium stammt noch von Maulbertsch (1772).

Die **Mariensäule** mit *Maria Immaculata* und den *Hll. Joseph, Joachim* und *Anna* auf dem Platz vor der Kirche stammt von Johann Philipp Prokop (1713).

Ehem. Gartenpalais Schönborn (Österreichisches Museum für Volkskunde; II B3/4): Der 1706–11 durch Franz Jänggl ausgeführte Umbau eines älteren Gebäudes basierte auf einem Entwurf Johann Lucas von Hildebrandts. Dieser gestaltete den Bau durch einen leicht vorspringenden Mittelrisalit mit Frontispiz auf der Gartenseite und einen stärker nach vorne gezogenen auf der Ehrenhofseite. Im späten 18. Jh. erfuhr das Objekt klassizistische Veränderungen, die mit Isidor Canevale in Verbindung gebracht werden. Nach 1872 wurde der Flügel an der Langen Gasse angebaut. Im sehenswerten Inneren geht das Treppenhaus noch auf Hildebrandt zurück, im Obergeschoss haben sich Dekor des 18. Jh.s und die *Opferung der Tochter des Jephta* von Peter Strudel (Anfang 18. Jh.) erhalten. (Zur Ausstellung s. S. 201.)

Die **Alserkirche zur Allerheiligsten Dreifaltigkeit** (Alser Straße 17, II B3), stilistisch noch dem Frühbarock zuzurechnen, wurde 1694–1702 als Klosterkirche der Spanischen Trinitarier (Weißspanier) errichtet, vermutlich nach Plänen von Matthias Steinl. Die Vollendung der Ausstattung zog sich bis 1727 hin. Die leicht konkav eingezogene Zweiturmfassade, die erste dieser Art in Wien, ist mit einer Dreifaltigkeitsdarstellung (1727) und Statuen der *Hll. Felix von Valois* und *Johannes von Matha* geschmückt. Der Wandpfeilersaal mit Seitenkapellen, einer Vierungskuppel und gestaffelten Pilastern besitzt einen Hochaltar (um 1725) mit Statuen der *Hll. Joseph, Katharina, Agnes* und *Leopold* und eine Dreifaltigkeitsdarstellung von Joseph Ritter von Hempel (1825). Auf dem linken Querschiffaltar befindet sich eine *Immaculata* von Leopold Kupelwieser, in der 1. Seitenkapelle links vom Eingang stammt die *Anbetung der Hl. Drei Könige* von Martino Altomonte (1708). Der Kruzifixus in der 3. Kapelle rechts wird dem Umkreis von Veit Stoss zugeschrieben. Im Seitenschiff rechts vorne befindet sich die Statue der *Weinenden Muttergottes*, ein aus dem 16. Jh. stammendes Gnadenbild, Pedro de Mena zugeschrieben.

Den **Wachsamkeitsbrunnen** (II A4), mit Bleifigur der *Wachsamkeit mit Lampe und Kranich* bekrönt, schuf der klassizistische Bildhauer Johann Martin Fischer 1783.

Die **Wohnanlage Sandleiten** (Nietzscheplatz 1–2) wurde

nach den Konzepten Camillo Sittes 1924–28 als Beispiel für eine offene, aufgelockerte Siedlungsform mit Parkanlagen, gekurvter Straßenführung und variantenreichen Bautypen errichtet. Die Form der Gestaltung schwankt zwischen leicht historisierend, expressionistisch und sachlich-modern.

Schloss Neuwaldegg (Waldegghofgasse 3–5), 1692–97 nach dem Entwurf Johann Bernhard Fischer von Erlachs für Theodor Heinrich Graf Strattmann erbaut, liegt in einem Naturpark, der als der älteste Park Österreichs nach engl. Vorbild gilt (von Anton Maringer geschaffen). Fischer schloss an den zentralen Rundbau mit großen Arkaden zum Garten hin seitlich Kuben in einfacher Gliederung an und betonte so die einzelnen Bauteile. Durch spätere Umbauten wurde das Lustschlösschen stark verändert. Im nahen Barockgarten haben sich Skulpturen von Matthias Bernhard Braun erhalten (um 1719).

Alsergrund und Währing

Altes Allgemeines Krankenhaus (Universitätscampus; II B3): 1686 wurde hier ein Invaliden- und Armenhaus gestiftet; 1733 wurde der Komplex von Matthias Gerl und Franz Anton Pilgram ausgebaut. Ab 1784 wurde die Einrichtung unter Kaiser Joseph II. unter der Oberleitung des kaiserlichen Leibarztes Dr. Joseph Quarin modernisiert (vermutlich durch Isidor Canevale) und als Allgemeines Krankenhaus weitergeführt. Canevale fügte eine Kapelle und den von der frz. Revolutionsarchitektur beeinflussten, als Ringbau mit sternförmiger Innenaufteilung errichteten Bau des **Narrenturms** an. Bis 1865 diente der gefängnisartig wirkende Bau als Irrenanstalt, mit 28 Zellen je Geschoss (heute ist hier das Pathologisch-Anatomische Museum untergebracht). Eine Gebärklinik und ein Findelhaus kamen bis 1806 dazu, weitere Anbauten folgten. Das Allgemeine Krankenhaus wurde zum Zentrum der Wiener medizinischen Schule und ihres bis heute andauernden Ruhmes. Seit dem Neubau 1964–94 am Währinger Gürtel mit den zwei weithin sichtbaren Bettentürmen dient der alte Komplex universitären Einrichtungen. Im Campusbereich befindet sich noch eine kleine Synagoge, die den Zerstörungen der Reichskristallnacht entging.

Das **Josephinum** (II B3), 1783–85 für die Medizinisch-chirurgische Militärakademie errichtet, gilt mit der imposanten Ehrenhofanlage als Überarbeitung eines Entwurfs von Giuseppe Piermarini durch Isidor Canevale. Der Bau beherbergt heute u. a. das Medizinhistorische Museum der Medizinischen Universität mit seiner weltberühmten Wachsmodellsammlung. Der **Hygieia-Brunnen** im Hof ist ein Werk Johann Martin Fischers (1787).

Das **Sigmund-Freud-Haus** (II C3), 1889 von Hermann Stierlin als Wohnhaus und Praxissitz für Sigmund Freud gebaut, beherbergt das Sigmund-Freud-Museum sowie eine Spezialbibliothek und ein Archiv zur Psychoanalyse.

Servitenkirche Mariae Verkündigung (II C3): Nach dem Klosterneubau 1646 wurde 1651 für die Serviten auch mit dem Bau einer neuen Kirche begonnen (Carlo Martino Carlone, vermutlich nach eigenem Entwurf). Nach einer Bauunterbrechung übernahmen Franz und Carlo Canevale 1667–77 die Weiterführung. Nach Schäden durch die osmanische Belagerung 1683 besorgte Francesco Martinelli die Wiederherstellung. 1727 baute Sebastian Blümel die Peregrini-Kapelle an, 1754–56 erneuerte Franz Sebastian Rosenstingl die Türme, und 1765/66 wurde die Peregrini-Kapelle wegen des hohen Zulaufs an Wallfahrern erweitert. Die einfache Doppelturmfassade zieren die *Hll. Joachim Piccolomini von Siena* und *Juliana Falconieri*. V. a. in der Grundrisslösung ist der Bau bedeutsam, denn er weist das erste Längsoval in Österreich auf, eine für den Hochbarock typische Kombination von Längs- und Zentraltendenz. Die Servitenkirche war so ein wichtiges Vorbild für Bauten wie die Peterskirche, die Salesianerinnenkirche und die Karlskirche. Der Innenraum hat eine flache Kuppel, große Kapellenöffnungen in kreuzförmiger Anordnung und kleinere in den Diagonalen dazwischen. Der Chor ist mit einem Tonnengewölbe und einem geraden Schluss versehen, dahinter befindet sich der Mönchschor. Der schwere weiße Stuck stammt von Giovanni Battista Barberini (1669). Wer die Deckenfresken mit Szenen aus dem Leben Mariae im Chor, *Himmelfahrt und Krönung Mariens* und rahmenden Szenen aus dem Leben Jesu in der Kuppel (3. Viertel 17. Jh.) malte, ist nicht bekannt. In den Stichkappen befinden sich Stuckreliefs mit den vier Evangelisten und lateinischen Kirchenvätern. Die Sitzfiguren über den Bogenöffnungen stellen Propheten und Sibyllen dar. Die Fresken in den Seitenkapellen werden z.T. Carpoforo Tencalla, z.T. den Brüdern Grabenberger zugeschrieben; von ihnen stammen auch – ebenso wie von Tobias Pock – einige Seitenaltarbilder. Der von Benedikt Stöber geschaffene Hochaltar (1711) mit den *Hll. Elisabeth, Zacharias, Anna* und *Joachim* wurde im 19. Jh. verändert und mit einem *Verkündigungsbild* von Leopold Schulz (1847) versehen. Der Kruzifixus an der rechten Chorwand wird um 1420 datiert. Beachtenswert sind auch die Kanzel mit Figuren von Balthasar Moll und Schnitzarbeiten von Josef Hilber (1739) und die Grablege Ottavio Piccolominis (2. Kapelle links), des Vertrauten und Gegenspielers von Wallenstein, nach einem Entwurf Antonio Beduzzis (1723; mit einer Pietà von etwa 1470) und die Peregrini-Kapelle mit Fresken von Joseph Adam Mölk (1766, Zugang von der Querhauskapelle rechts). In der Arme-Seelen-Kapelle hinter der rechten Turmkapelle finden sich Martin Johann Schmidt, gen. Kremser-Schmidt, zugeschriebene Bilder und Stuckdekorationen von Giovanni Battista Barbarini. Im Kreuzgang des Servitenkonvents wird die Büste von *Fürst Ottavio Piccolomini* von Francesco Mangiotti bewahrt (um 1655).

Der **Obelisk** mit einer *Maria Immaculata*-Figur vor der Kirche stammt von Fidelis Kümmel (1885).

Gartenpalais Liechtenstein in der Rossau (II B2): Die von Johann Adam Andreas I. Fürst von Liechtenstein erworbenen Gründe sollten ursprünglich unter der Leitung von Johann Bernhard Fischer von Erlach in eine riesige Sommerresidenz mit Schloss, Kirche, Parkanlage, Belvedere, Brauhaus und Mustersiedlung verwandelt werden. Das heutige Gartenpalais, Ausgangspunkt der Achse, die durch den Park zur Lichtentalerkirche und bis zum ausgeführten Brauhaus verläuft, wurde 1691–94 nach Plänen von Domenico Egidio Rossi begonnen, 1700 – 05/06 in veränderter Form durch Domenico Martinelli fertiggestellt und 1705–11 durch Lorenz Laher um Nebengebäude ergänzt. Der etwas strenge, blockhafte Bau weist einen höheren Mittelrisalit und Pilastergliederung auf. Der Statuenschmuck der Attika und im Inneren stammt von Giovanni Giuliani, der Stuck von Santino Bussi. Das Vestibül mit der ursprünglich zum Garten offenen Sala terrena mit Doppelsäulengliederung, das große zweiläufige Treppenhaus und die klassizistische Bibliothek sind eindrucksvoll. Für die bedeutende Ausstattung mit Gemälden (v. a. Themen der antiken Mythologie) war u. a. Marcantonio Franceschini zuständig, für die Deckenfresken v. a. Johann Michael Rottmayr und Andrea Pozzo. Zudem wurden einige Gemälde von Antonio Bellucci aus dem Majoratshaus (Stadtpalais Liechtenstein) hierher übertragen. Das Palais und die fürstlich-liechtensteinischen Kunstsammlungen sind nur im Rahmen von Führungen zu besichtigen. Das **Neue Sommerpalais Liechtenstein** auf der Nordseite des Parks, der als der älteste erhaltene feudale Lustgarten Wiens gilt, wurde 1873–75 von Heinrich von Ferstel in den Formen der Renaissance erbaut. Ursprünglich befand sich hier das Belvedere, ein Lustschloss von Fischer von Erlach (1687–89) aus dem ersten Planungskonzept; es wurde 1873 abgetragen. Der Park, als Barockgarten angelegt, wurde 1814 in einen engl. Landschaftsgarten verwandelt. Die Brunnenfigur einer *Nereide mit Kind* ist ein Werk Franz Anton Zauners (um 1795). Der nahe, vor 1582 angelegte **Jüdische Friedhof** (hinter Seegasse 9–11) ist der älteste erhaltene Wiens, mit Grabsteinen ab 1629. Die ebenfalls nahe, 1910 von Theodor Jäger erbaute **Strudlhofstiege** (Strudlhofgasse) war Namensgeberin für den Roman Heimito von Doderers.

St. Maria de Mercede (heute Priesterseminarkirche, II B2): Die sehenswerte ehem. Kirche des Spanischen Spitals, 1717 von Kaiser Karl VI. für Untertanen aus Spanien und den 1714 an Österreich gefallenen span. Provinzen gegründet, errichtete Anton Johann Ospel unter Einfluss von borromineskem Formengut 1722/23 (abgerundete Ecken, Auflösung in Einzelformen, Wölbung mit Pseudokuppel) als Kombination von Längs- und Zentralbau. Hinter der 1821 klassizistisch veränderten Fassade mit den turmartigen Glockengeschossen weist der Innenraum ein Tonnengewölbe, Pilastergliederung mit ausladendem Gebälk und, der Stiftung entsprechend, Kaiseroratorien auf. Im ganz in Weiß gehaltenen Inneren – auch das entspricht der Borromini-Tradition – bewahrte der den Spaniern gewidmete Hochaltar von Antonio und/oder Giuseppe Galli-Bibiena mit seiner bühnenhaften Säulenädikula ursprünglich zwischen den *Hll. Jakobus Major* und *Eulalia* anstelle des *Gekreuzigten* eine Kopie des *Gnadenbildes Maria de Mercede*, auf das sich die Krone über dem Altar bezog. Die Kapelle vorne links ist mit dem *Hl. Karl Borromäus* von Carlo Innocenzo Carlone (1727) zwischen den Kirchenvätern *Ambrosius* und *Augustinus* den Mailändern gerwidmet. Für Neapel steht der *Hl. Januarius* von Martino Altomonte (1725) zwischen den *Hll. Franz von Paula* und *Kajetan* in der Kapelle vorne rechts. Die Kapelle der hl. Rosalia rechts vom Eingang mit dem Bild der Heiligen zwischen den Pestheiligen *Sebastian* und *Rochus* steht für Sizilien, und für Flandern die Kapelle links vom Eingang mit *Petrus auf dem See Genezareth* von Charles Rottiers (1727). Letztere ist durch ihre Pracht als kaiserliche Stiftung besonders hervorgehoben.

Die **Volksoper** (II B2), ehem. Kaiser-Jubiläums-Stadttheater, wurde 1898 durch Franz von Krauß und Alexander Graf nach dem Theaterschema von Fellner und Helmer errichtet. Der in altdt. Formen gehaltene Bau mit Skulpturenschmuck von Othmar Schimkowitz ist durch An- und Umbauten jedoch stark verändert.

Die **St.-Johannes-Nepomuk-Kapelle** (Währinger Gürtel Bogen 115, II B2) war 1896/97 der erste Wiener Sakralbau Otto Wagners.

Die **Lichtentalerkirche Zu den 14 Nothelfern** (II B2) wurde 1712–18 für das durch den Fürsten Liechtenstein neu gegründete Wohngebiet errichtet. 1769–73 wurde sie durch Josef Ritter und Thaddäus Adam Karner vergrößert. Die Doppelturmfassade des pilastergegliederten Baus weist am rechten Turm ein Steinkruzifix von Josef Klieber (1827) auf. Das Innere ist mit Fresken von Franz Zoller (1771/72) dekoriert: *Anrufung Gottes*, *Bitten des Vaterunser*, Personifikationen der göttlichen Tugenden, und über der Orgelempore die *Vertreibung der Händler aus dem Tempel*. Das *Gebet von Pharisäer und Zöllner* unter der Orgelempore stammt von Franz Sigrist (1772). Der Hochaltar geht im Entwurf auf Johann Ferdinand Hetzendorf von Hohenberg zurück (1776/77), die Statuen der Apostel *Petrus* und *Paulus* stammen von Johann Martin Fischer (1778), das Altarbild mit den *Vierzehn Nothelfern* wieder von Zoller (1776). Unter den Seitenaltarbildern sind der *Hl. Johannes Nepomuk* von Zoller (1772) und *Christus am Kreuz* (1832) und die *Hl. Familie* (1841) von Leopold Kupelwieser beachtenswert.

Das Fernheizwerk Spittelau

Die klassizistische Kanzel mit dem *Evangelisten Johannes* ist ein Werk von Anton Drach (1774).

Zaha-Hadid-Haus (II B1): Die dynamisch gestaltete Wohnanlage wurde 2004/05 über der Stadtbahntrasse gegenüber dem ursprünglichen Entwurf in etwas reduzierter Form errichtet. Trotz der Stararchitektin war ihr aber kein wirtschaftlicher Erfolg beschieden. 2020 begann eine Revitalisierung u. a. als Aparthotel.

Fernheizwerk Spittelau (II B1): 1988–92 verwandelte Friedensreich Hundertwasser die städtische Müllverbrennungsanlage durch bunte Außenbemalung, goldene Kugeln und Dachgärten in einen modernen Märchenpalast.

Geymüllerschlössel (Pötzleinsdorferstr. 102): Die Villa wurde in der Tradition barocker Lustschlösser nach 1808 für Johann Jakob Geymüller gebaut, in einer Mischung aus Klassizismus, Neugotik und orientalisierend-exotischen Formen. Der später erweiterte Bau ist heute eine Außenstelle des Museums für Angewandte Kunst (MAK). Im Inneren sind die ursprünglichen Wand- und Deckenmalereien rekonstruiert. Neben einer Uhrensammlung zeigt die sehenswerte Einrichtung aus dem Empire und Biedermeier den Wohnstil der gehobenen Wiener Gesellschaft jener Zeit. Im Park befinden sich die Skulptur *Vater weist dem Kind den Weg* von Hubert Schmalix (1997) und der Skyspace *The other Horizon* von James Turrell (1998/2004).

Mit dem **Haus Moller** (Starkfriedgasse 19) setzte Adolf Loos 1927/28 für den Textilfabrikanten Hans Moller sein Konzept des »Raumplans« um. Es besticht durch seine kubisch geschlossene Umrissform mit Flachdach, eine symmetrische Anlage auf der Straßenseite und Terrassenstufungen auf der Gartenseite. Teile der originalen Ausstattung und der kräftigen Farbgebung sind erhalten.

Vom Zentrum nach Norden und über die Donau

Brigittenau, Heiligenstadt, Döbling

Nussdorfer Nadelwehr (Brigittenauer Lände): Die für die Regulierung und ständige Schiffbarkeit des Donaukanals und zum Hochwasserschutz 1894–98 am oberen Donaukanaleingang errichtete Wehr- und Schleusenanlage Nussdorf geht wie die Kaianlagen selbst in der Gestaltung auf Otto Wagner zurück. Die Technik stammte von Sigmund Taussig. Zur später teils umgebauten Anlage gehören ein Verwaltungsgebäude, das mit Flachdach und secessionistischem Dekor versehene Schützenhaus, das ehem. Kettenmagazin, die Wehrwiderlager mit den zwei großen Pylonen mit Bronzelöwen von Rudolf von Weyr (1897), die Joseph-von-Schemerl-Brücke und die Treppen zu den Kaimauern.

Die **Brigittakapelle** (Forsthausgasse), gestiftet durch Kaiser Ferdinand III. zum Gedächtnis an die Abwehr der Schweden während des Dreißigjährigen Krieges, wird heute von der russ.-orthodoxen Gemeinde genutzt. Erbaut wurde der kleine, außen achteckige Bau mit Pilastergliederung, Zeltdach, Laterne und Glockenhelm 1645–51 durch Filiberto Lucchese. Im Inneren ist er kreisförmig und bewahrt neben dem Altarbild des *Erzherzogs Wilhelm vor der hl. Brigitta und der hl. Dreifaltigkeit* aus der Mitte des 17. Jh.s ein Wandgmälde von Andreas Groll mit der *Wunderbaren Errettung des Erzherzogs Leopold Wilhelm vor einer schwedischen Kanonenkugel* (1903).

Millenium Tower (Handelskai 94–96): Der Büroturm aus zwei verglasten und ineinander verschränkten Zylindern wurde 1997–99 von Gustav Peichl u. a. errichtet.

Die Wohnhausanlage **Winarskyhof** (Stromstr. 36–38) wurde 1924/25 durch die Gemeinde Wien von einer Reihe namhafter Architekten erbaut. Ihnen wurden jeweils einzelne Blockabschnitte zur Gestaltung überlassen: der Bereich der Stiegen 1–14, 26 und 27 Josef Hoffmann, der Bereich der Stiegen 15, 24, 25, 28–32 Peter Behrens und die Stiegentrakte 16–23 Josef Frank, Oskar Wlach und Oskar Strnad.

Villa Wertheimstein (Döblinger Bezirksmuseum; Döblinger Hauptstr. 96): Das Anwesen des Industriellen und Kunstsammlers Rudolf von Arthaber, 1834/35 von Alois Ludwig Pichl erbaut, war ab 1870 – im Besitz von Leopold von Wertheimstein und seiner Frau Josefine – einer der führenden Salons für Künstler und Intellektuelle. Das Treppenhaus basiert auf einem Entwurf Carl Rösners, die Wandmalereien stammen z. T. von Rösner und von Moritz von Schwind. Der Wertheimsteinsche Salon im Obergeschoss bewahrt Möbel und Bilder der Familie, darunter Porträts von Franz von Lenbach. Das Museum enthält auch Gedenkräume für Eduard Bauernfeld und Ferdinand von Saar.

Die **Zacherlfabrik** (Nusswaldgasse 14) wurde 1888–93 von Karl Mayreder für den Industriellen Johann Zacherl für die Produktion von Mottenpulver, Zacherlin, erbaut – weil die Rohstoffe dafür aus Georgien stammten, in orientalisierenden (v. a. persischen) Formen. Auch im Inneren dominiert orientalischer Dekor. Die 1949 aufgelassene Fabrik wird sporadisch für Ausstellungen und Musikveranstaltungen genutzt.

Karl-Marx-Hof (Heiligenstädter Str. 82–92): Der 1926–33 von Karl Ehn errichtete Gemeindebau verkörpert wie kein zweiter den in den 1920er Jahren ins Zentrum der Bauaufgaben gerückten kommunalen Wohnungsbau des Roten Wien. Der 1 km lange Komplex mit 1382 Wohnungen ist um zwei Höfe gruppiert und wird von vier Gassen durchquert. Zur Straßenseite weist die Fassade in der Mitte einen durch Risalite und die Bronzeskulptur eines *Sämanns* von Otto Hofner

Der Karl-Marx-Hof

(1928) monumentalisierten Ehrenhof auf. Die weiten Durchgangsbögen haben programmatische Keilsteinverzierungen in Majolika mit den Personifikationen von *Freiheit*, *Aufklärung*, *Fürsorge* und *Körperkultur* (Josef Riedl, 1928). Es gibt zahlreiche Gemeinschaftseinrichtungen wie Wäscherei, Kindergarten, Bibliothek, Arztpraxen und Läden, so dass die Anlage wie eine Stadt in der Stadt funktioniert. Beachtenswert sind auch die großen Grünhofanlagen – nur 18,4 Prozent des Gesamtgrundes wurden bebaut.

Die **Heiligenstädter Kirche St. Jakob** (Heiligenstädter Pfarrplatz), über einem römischen Bau des 2. Jh.s errichtet, gilt traditionell als Grabstätte des hl. Severin. Im 17. Jh. wurde die romanische Saalkirche im Inneren barockisiert. Die Glasfenster im Chor stammen von Margret Bilger (1952). Die Darstellung von *Maria mit dem Kind und der hl. Katharina* ist ein Werk des Nazareners Philipp Veit (1813/14).

Die **Villa Ast** (Steinfeldgasse 2) des Bauunternehmers Eduard Ast, der Stahlbetonkonstruktionen in Österreich einführte, war 1910/11 das letzte Haus der Künstlerkolonie Hohe Warte. Von Josef Hoffmann errichtet, zeigt es den nach dem Jugendstil aufkommenden neuen reduzierten Klassizismus.

Haus Spitzer (Steinfeldgasse 4), für den Fotografen Friedrich Spitzer errichtet, zeigt die für Josef Hoffmanns Frühwerk typischen Anklänge an die engl. Arts-and-Crafts-Bewegung. Der Bau mit großer Wohnhalle besticht durch Vereinfachung und Strenge.

Das **Doppelhaus Moser und Moll** (Steinfeldgasse 6–8) wurde 1900/01 von Josef Hoffmann für die Maler Koloman Moser und Carl Moll als erster Bau der Künstlerkolonie Hohe Warte in schlichten Formen und mit reduzierten, von der geraden Linie ausgehenden Dekorelementen errichtet.

Villa Lemberger (Grinzinger Allee 50): Der Bau des tschechischen Architekten und Otto-Wagner-Schülers Jan Kotéra zeigt mit seinem plastisch-kristallinen Dekor und der teilweisen Sichtziegelbauweise Anklänge an den Prager Kubismus.

Kaasgrabenkolonie (Kaasgrabengasse, Suttingergasse): Josef Hoffmann nahm bei dieser Villenkolonie für kulturreformerische Bauherren 1912/13 Anregungen der Gartenstadtbewegung auf. Die Anlage ist typisch für Hoffmanns neoklassizistisch orientierte Architektur nach dem Jugendstil.

Klosehof (II B1): Die von Josef Hoffmann konzipierte Wohnhausanlage der Gemeinde Wien (140 Wohnungen) entstand 1923–25. Als fast einziger Schmuck neben Risalitgiebeln und betonten Türstürzen sind rot gestrichene Fenster und Türen eingefügt. Die fünfgeschossige Blockrandbebauung und der um ein Geschoss erhöhte Wohnturm in der Mitte bedecken ein annähernd quadratisches Grundstück. Über dem Haupteingang schuf Anton Hanak zwei Skulpturen mit Früchteträgerinnen.

Leopoldstadt, Prater, Donau City und Floridsdorf

Dianabad (I D3): An die alte, 1804 erbaute und mehrfach umgestaltete Badeanlage erinnern nach dem Neubau durch Friedrich Florian Grünberger und Georg Lippert (1969–74) nur wenige Ausstattungsstücke, darunter die Glasmosaike von Leopold Forstner (1916) im Inneren. Die Bronzeplastik vor dem Bad, der *Große Torso*, stammt von Fritz Wotruba (1974). Der Badebetrieb wurde 2020 eingestellt.

Das **Ehem. Schützenhaus Staustufe Kaiserbad** (II C3) wurde im Zuge der Donaukanalregulierung 1904–08 durch Otto Wagner als Bedienungshaus für die Staustufe Kaiserbad (nicht mehr vorhanden) errichtet. Der eigentlich technische Zweckbau ist mit seiner kostbar verkleideten Außenfassade aus Marmor, Granit und blauen Fliesen mit Wellenornament ein Musterbeispiel des geometrischen Wiener Jugendstils.

Klosterkirche der Barmherzigen Brüder Zum hl. Johannes dem Täufer (Taborstr. 16, I D3): Die Berufung des Ordens 1614 nach Wien geht auf die Gegenreformation unter Kaiser Matthias zurück. Mit dem Bau der Spitalskirche wurde 1622 begonnen, ab 1655 und 1683–92 kam es nach einem Brand und Schäden durch die osmanische Belagerung zu umfassenden Erneuerungen, 1733 wurde das Presbyterium verlängert, 1849 der durch Sturmschäden zerstörte Turm von Franz Anton Pilgram wiederhergestellt. Die schmale Fassade bewahrt eine Statue von *Johannes dem Täufer* (um 1750). Bemerkenswert sind die Inneneinrichtung des 18. Jh.s und die Rokokoorgel. Der Hochaltar nach einem Giuseppe Galli-Bibiena zugeschriebenen Entwurf (1735/36) enthält Statuen der *Hll. Joachim, Zacharias, Anna* und *Elisabeth* von Lorenzo Mattielli. Die *Erzengel Michael* und *Raphael* im Auszug stammen von Santino Bussi. Das Altarbild mit der *Taufe Jesu* ist ein Werk von Daniel Gran (1736). Auch die Darstellung der *Hl. Dreifaltigkeit* (1736) im linken Choraltar wird Gran zugeschrieben. Die meisten der übrigen Altarbilder wurden von Johann Cimbal geschaffen, das Relief in der Johannes-von-Gott-Kapelle von Anton Tabotta. Auch Kloster und Spital besitzen reichen Gemälde- und Skulpturenschmuck (überwiegend 18. Jh.) und eine Apotheke im Empirestil.

Die **Karmeliterkirche Zum hl. Josef** (I D3), ab 1623 und 1630–39 errichtet, war Wiens erster Kirchenbau des gegenreformatorischen, ital. beeinflussten Frühbarock. Die dreigeschossige, flache Giebelfront mit Pilasterfassade zieren Statuen der *Hll. Maria, Joseph* und *Theresa* (unten) und *Angelus, Elias, Elisäus* und *Albertus*. Die Innenausstattung des Saalraums mit flachen Seitenkapellen, seichtem Querschiff und flacher fensterloser Kuppel entstammt größtenteils der 1. Hälfte des 18. Jh.s. Besondere Beachtung verdient der Hochaltar mit Statuen der *Hll. Andreas Corsini, Elias, Elisäus* und *Cyrillus* von Jakob Christoph Schletterer und einem Altarblatt mit der *Vision der hl. Theresa von Avila* von Martin Johann Schmidt, genannt Kremser Schmidt (1771).

Die **Leopoldskirche** (II D3), dem österr. Landespatron geweiht, wurde 1670/71 auf dem Platz einer zerstörten Synagoge im ehem. Ghetto errichtet, vermutlich nach Plänen von Carlo Canevale. 1722–24 erfolgte nach Bauschäden und Zerstörungen während der osmanischen Belagerung ein spätbarocker Neubau, vermutlich nach einem Entwurf von Anton Ospel. Der Bau mit mächtigem Fassadenturm und Statuen der *Hll. Florian* und *Leopold* aus dem späten 17. Jh., die ursprünglich von der Fassade der Kirche Am Hof stammen, bewahrt in seinem Inneren nach schweren Kriegszerstörungen noch einen im Entwurf Anton Ospel zugeschriebenen Hochaltar (um 1722–25), eine Darstellung der *Taufe Jesu* von Johann Georg Schmidt in der Kapelle rechts vor dem Chor und eine Darstellung des *Hl. Johannes Nepomuk* in der Kapelle davor, ebenfalls Schmidt zugeschrieben. Des Weiteren befinden sich in der Kirche Kopien von im Krieg zerstörten Bildern wie dem Hochaltarbild Martino Altomontes.

Augartenpalais und Augarten (II D2): Nach der Zerstörung des älteren kaiserlichen Lustschlosses Favorita in den Osmanenkriegen wurde die Anlage um 1705 erneuert (seit 1923 Sitz der 1718 gegründeten Wiener Porzellanmanufaktur Augarten). 1712 wurde der Park nach frz. Muster durch Jean Trehet neu gestaltet (noch in der heutigen Form zu erkennen). Mitte des 18. Jh.s wurde der südliche Trakt des alten Schlosses Favorita mit dem Bau der Inspektionsstöckln zu einer Art Ehrenhofanlage verändert. 1775 wurde der Garten durch Kaiser Joseph II. der Öffentlichkeit zugänglich gemacht und mit einem Triumphtor von Isidor Canevale ausgestattet. 1780 erwarb der Hof das Palais Leeb (heute Augartenpalais; wohl nach Plänen von Johann Bernhard Fischer von Erlach für Zacharias Leeb bis 1692 erbaut und 1736/37 durch Franz Anton Pilgram verändert). Nach Erweiterungen und Veränderungen ist das Palais heute Heim der Wiener Sängerknaben. Im Inneren hat sich u. a. ein Deckenfresko mit einer Allegorie des *Handels* von Jonas Drentwett (vor 1695) erhalten. Joseph II. ließ ab 1780 einen Teil des Parks in einen Englischen Garten umwandeln und dort für sich von Isidor Canevale das **Kaiser-Josephs-Stöckl** (1780) als einfaches Gartenhaus errichten. Ebenfalls im Bereich des Augartens: Flaktürme aus dem Zweiten Weltkrieg und das Thyssen-Bornemisza Art Contemporary Augarten.

Die **Johann-Nepomuk-Kirche** (I E3), ein wichtiger Wiener Sakralbau des romantisierenden Historismus, wurde 1841–46 nach den Plänen von Carl Rösner errichtet. Die Fassadenstatuen der *Hll. Ferdinand* und *Anna* stammen von Franz Bauer und Josef Klieber (1844). Im Inneren in byzantinisierendem Stil befinden sich Hauptwerke der Wiener Nazarener. Die Wand hinter dem Hochaltar nach einem Entwurf Rösners (1846) wird durch das Fresko *Glorie des hl. Johannes Nepomuk* von Leopold Kupelwieser (1844–46) und die Seitenwände durch die 14 weltweit in Kopien verbreiteten Fresken mit Kreuzwegdarstellungen von Joseph Führich (1844–46) geschmückt. Die *Anbetung der Hirten* und die *Auferstehung Christi* an den Stirnwänden des Querschiffs sind Werke von Leopold Schulz (1845/46).

Prater (II E3–F5): Über den Praterstern mit dem Monument für Admiral Wilhelm von Tegetthoff (1879 von Carl von Hasenauer und Carl Kundmann ursprünglich für den Platz vor der Votivkirche geschaffen) erreicht man den Prater, einst das kaiserliche Jagdgebiet. 1766 machte es Kaiser Joseph II. der Bevölkerung zugänglich. Der Prater erstreckt sich entlang der Prater Hauptallee zwischen Donau und Donaukanal und ist größtenteils auch heute noch – trotz zahlreicher Gebietsabtrennungen – Auenlandschaft. Er umfasst neben Erholungsgebieten Sportanlagen und Gaststätten (darunter das 1781–83 nach Plänen von Isidor Canevale errichtete und noch mit alten Wandmalereien ausgestattete **Lusthaus**), auch den berühmten Wurstel- oder Volksprater mit seinen Schaubuden usw., der mit dem 1895 eröffneten Vergnügungspark »Venedig in Wien« in der ganzen Monarchie bekannt wurde. 1896/97 wurde dort nach Plänen des engl. Ingenieurs Walter Basset das Riesenrad errichtet, das mit seinen fast 65 m Höhe bald zu den Wahrzeichen Wiens gehörte. 1945 zerstörte ein Brand die ursprünglich gewachsene Form des Volkspraters. Beim Wiederaufbau kam es zu zahlreichen Vereinfachungen. Anlässlich der Fußball-

Das Lusthaus im Prater

europameisterschaft 2008 wurde der Volksprater im amerikan. Stil umgestaltet. Einige der Erinnerungsstücke aus dem alten Prater sind im Pratermuseum im Planetarium zu besichtigen. Ebenfalls im Prater-Areal befinden sich ein Stadion, das Stadionbad, der Galopprennplatz Freudenau mit den alten historistischen Tribünen von Carl von Hasenauer, der Trabrennplatz

Krieau und das Messegelände. Auf Letzterem stand einst die berühmte, 1938 abgebrannte Rotunde, das Hauptgebäude der von Carl von Hasenauer entworfenen Anlage der Wiener Weltausstellung von 1873. Ein ehem. Pavillon Hasenauers aus dieser Ausstellung ist noch als Bildhaueratelier erhalten.

Wirtschaftsuniversität Wien (II F3): Der 2013 eröffnete Campus vereint zeitgenössische Architektur u. a. von Zaha Hadid, Peter Cook, BUSarchitektur und Hitoshi Abe, allerdings wirkt die Formensprache oft eher hart und unruhig.

Der **Lassallehof** (II F2) wurde nach Plänen der Architekten Hubert Gessner, Hans Paar, Friedrich Schlossberg und Fritz Waage 1924–26 erbaut. Mit ihren gestuften Fassaden, einem monumentalen Turmbau, Erkern und *bay windows* und einer pathetischen Formensprache ist die Wohnhausanlage einer der bedeutendsten Gemeindebauten des Roten Wien.

Der späthistoristische Bau der **Pfarrkirche Zum hl. Franz von Assisi** (**Jubiläumskirche**; II F2) wurde anlässlich des 50-jährigen Regierungsjubiläums von Kaiser Franz Joseph 1898 nach Plänen von Victor Luntz in neuromanischen Formen begonnen und nach dessen Tod von August Kirstein bis 1913 vollendet. Er ist der rheinischen Romanik nachempfunden und war damals mit Doppelturmfassade, mächtigem Vierungsturm und schaufrontartig gebildeter Chorpartie der größte und prestigeträchtigste Bau in Wien. An das Querschiff ist die 1908 vollendete Kaiserin-Elisabeth-Gedächtniskapelle, ein überkuppelter Zentralbau über achteckigem Grundriss in Nachbildung der Pfalzkapelle zu Aachen und mit Jugendstilaltar, angeschlossen.

Donau-City-Kirche Christus Hoffnung der Welt (Donau-City-Str. 2): Das von Heinz Tesar 1999–2000 erbaute Gotteshaus, ein Block aus dunklem Chromstahl, ist von zahlreichen kleinen Fensteröffnungen durchbrochen. Im Inneren besticht die warme Birkenholzverkleidung.

UNO City (Wagramer Str. 5): Der aus sechs Bürotürmen bestehende Komplex des Vienna International Center wurde 1973–79 von Johann Staber errichtet. Vom selben Architekten stammt auch das nebenan gelegene Konferenzzentrum Austria Center Vienna (1983–87).

Die drei **DC Towers** (Donau-City-Straße) im Stil internationaler Hochhausarchitektur wurden von Dominique Perrault geplant, der erste 2010–14 errichtet, der dritte 2019–22, der zweite seit 2017.

Der **Aussichts- und Sendeturm Donauturm** (Donauturmstr. 8) wurde von Hannes Lintl entworfen und 1964 zur Internationalen Gartenschau errichtet (Wiedereröffnung 2019 nach Renovierung).

Der **Karl-Seitz-Hof** (Jedleseer Str. 66–94), über einem etwas trapezförmigen Grundstück 1926–32 von Hubert Gessner errichtet, übertrifft in seiner architekturgeschichtlichen Bedeutung den Karl-Marx-Hof. Ideen der Gartenstadtbewegung mit großen grünen Innenhöfen verbinden sich mit geometrisierend floralem Dekor in den privateren Innenbereichen und mit boulevardähnlichen, achsial angelegten Erschließungsstraßen. Trotz expressiver Pathos- und Herrschaftsformeln aus der Tradition von Schlossbau und ital. Palazzo wie exedraförmigem Ehrenhof, Uhrturm und »Festsaal der Arbeiter« ist die Formensprache insgesamt weniger monumentalisierend und moderner als beim Karl-Marx-Hof.

In der weiteren Umgebung: Stift Klosterneuburg ◆

Um 1113 gründete Markgraf Leopold III. neben der alten Babenbergerresidenz und ursprünglich direkt über der Donau ein Kanonikerstift. 1133 wurde es in ein Augustinerchorherrnstift umgewandelt. Die Stiftskirche Mariae Geburt entstand 1114–

36. Um 1220 wurde beim Ausbau der Burg durch Leopold VI. den Glorreichen die Cappella speciosa errichtet (Ende des 18. Jh.s abgetragen). Nach Umbauten, der Barockisierung der Kirche (1634–45, 1680–1702, 1723–30, Rottmayrfresko im Chor) und dem Bau von Türmen, wurde ab 1730 in Anlehnung an den span. El Escorial durch Donato Felice d'Allio ein neuer Stiftstrakt erbaut, der Kaisertrakt. Nach dem Tod Karls VI. wurden die Arbeiten jedoch eingestellt; erst 1834–42 wurden sie durch Joseph Kornhäusel vollendet. Die Kirchenfassade wurde im 19. Jh. regotisiert. Das Stift ist nur mit Führung zu besichtigen. Besondere Beachtung verdienen der Kreuzgang, der siebenarmige Bronzeleuchter im Brunnenhaus (12. Jh.), der einzigartige Klosterneuburger Altar, ein Hauptwerk der mittelalterlichen Emailkunst von Nikolaus von Verdun (1181), und die vier bemalten Tafeln von der Rückseite des Altares (um 1330), die Prunkräume des Kaisertraktes mit Fresken von Daniel Gran, bedeutende Kleinplastiken und Werke der gotischen Tafelmalerei im Stiftsmuseum, darunter von Rueland Frueauf d. J., und der Albrechtsaltar in der Sebastianikapelle.

Museen

In Wien gibt es viele Museen zu den unterschiedlichsten Themen, Gedenkstätten (u. a. Komponistengedenkstätten) und Ausstellungsinstitutionen, darunter auch die einzelnen Bezirksmuseen, – hier kann somit nur eine Auswahl geboten werden. Weitere Infos unter: www.wien.gv.at/ma53/museen

Akademie der bildenden Künste (I C5): Die Gemäldegalerie entstand aus der Sammlung des Grafen Lamberg und zeigt etwa 300 Meisterwerke vom 15. bis 19. Jh., darunter das Weltgerichtstriptychon von Hieronymus Bosch und bedeutende Werke von Bouts, Rubens, van Dyck, Jordaens, Rembrandt, Tizian, Tiepolo und Guardi. Zum Bau s. S. 118. (www.akbild.ac.at)

Die **Albertina** (I C4/5) ging aus der Sammlertätigkeit von Herzog Albert von Sachsen-Teschen hervor. Ihre graphische Sammlung, darunter bedeutende Arbeiten von Leonardo, Raffael, Michelangelo, Dürer, Rembrandt und Rubens, und die Architektur- und Fotosammlung, die in Teilen auch in Ausstellungen der Öffentlichkeit zugänglich gemacht werden, gehören zu den bedeutendsten weltweit. Des Weiteren sind die habsburgischen Prunkräume zu besichtigen (zum Bau s. S. 59), als Dauerleihgabe die Sammlung Batliner mit Gemälden vom Impressionismus bis zum Ende des 20. Jh.s und Wechselausstellungen. Mit der **Albertina modern** wurde 2020 ein Standort für Gegenwartskunst im Künstlerhaus am Karlsplatz (s. S. 116) eröffnet. (www.albertina.at) ◆

Architekturzentrum Wien (MuseumsQuartier, I B5): Neben wechselnden Ausstellungen und Präsentationen wird hier auch eine ständige Ausstellung zur österr. Architektur des 20. und 21. Jh.s gezeigt. (www.azw.at)

Belvedere Museum (Österreichische Galerie Belvedere; Rennweg 6, Prinz-Eugen-Str. 27, III D6): Ursprünglich aus ei- ◆

ner 1903 gegründeten staatlichen Galerie für zeitgenössische Kunst hervorgegangen, ist die Sammlung heute das umfangreichste Museum zur österr. Kunst, besitzt aber auch Werke internationaler Künstler. Die Hauptschauräume befinden sich im Oberen Belvedere (zum Bau s. S. 145). Die Sammlung ist in sieben Epochen gegliedert und auf drei Geschosse verteilt: Im untersten Geschoss sind die ältesten Objekte untergebracht (Mittelalter/Renaissance, 1200–1600) sowie die jüngsten (Avantgarden der 1960er/1970er Jahre); im mittleren Barock (1600–1800), Klassizismus/Biedermeier (1800–65) und »Wien um 1900« – hier finden sich viele Highlights der Sammlung, wie etwa Gustav Klimts *Kuss*, Franz Xaver Messerschmidts *Charakterköpfe* und Werke des Biedermeiermalers Waldmüller; im obersten Geschoss wird in zwei Abschnitten die Kunst der ersten Hälfte des 20. Jh.s gezeigt (1900–20 und 1920–50). Im Unteren Belvedere (zum Bau s. S. 145) sind neben Wechselausstellungen und dem Schaudepot mittelalterlicher Kunstwerke die Prunkräume zu besichtigen, in denen die Bleioriginale Donners vom Providentia-Brunnen und die *Apotheose des Prinzen Eugen* von Balthasar Permoser aufgestellt sind. Dem Belvedere Museum angeschlossen ist das **Belvedere 21** (s. S. 147) mit zeitgenössischer österr. und internationaler Kunst. (www.belvedere.at)

Dommuseum (I D4): Im Zwettlerhof sind die Schatzkammer des Kirchenschatzes von St. Stephan und die Sammlung der Diözese mit wertvollen Kostbarkeiten v. a. aus der Zeit der Gotik und des Barock untergebracht. Besonders beachtenswert ist das *Porträt von Herzog Rudolf IV.* – es gilt als das erste selbständige Porträt in der abendländischen Malerei. Dem Museum angeschlossen ist die Sammlung von Monsignore Otto Mauer (1907–1973), der sich nach dem Zweiten Weltkrieg mit seiner »Galerie nächst St. Stephan« als Förderer junger österr. Künstler hervortat, und OM Contemporary als Fortführung von dessen Tätigkeit. (www.dommuseum.at)

Porträt von Herzog Rudolf IV., um 1365.
Erzbischöfliches Dom- und Diözesanmuseum, Wien

Ephesosmuseum (Neue Burg; s. Hofburg-Plan, S. 48): Seit 1895 stehen die Ausgrabungen in der antiken Stätte Ephesos unter österr. Leitung. Bis 1906 durfte ein Teil der Funde als Gegengabe des osmanischen Sultans nach Wien gebracht werden. Funde aus Samothrake, wo ein österr. Grabungsteam 1873 und 1875 tätig war, ergänzen die Ausstellung. (www.khm.at)

Ernst-Fuchs-Museum (Villa Wagner I; Hüttelbergstr. 26): Der österr. Maler Ernst Fuchs rettete die erste Privatvilla Otto Wagners (zum Bau s. S. 166) vor dem Verfall und richtete dort ein Museum eigener Werke ein. (www.ernstfuchsmuseum.at)

Fälschermuseum (Löwengasse 28, II E4): Das Privatmuseum zeigt die Geschichte und Geschichten von Kunstfälschungen. (www.faelschermuseum.com)

Gartenpalais Liechtenstein s. S. 174

♦ **Geistliche und Weltliche Schatzkammer** (Schweizerhof, s. Hofburg-Plan, S. 248): In der bedeutendsten Schatzkammer Europas sind v. a. jene Objekte ausgestellt, die Insigniencharakter aufweisen, oder solche, die in besonderer Weise an einzelne Mitglieder der kaiserlichen Familie erinnern. So finden sich hier der in Teilen über 1000 Jahre alte Kronschatz, die Insignien des Hl. Römischen Reichs, die Insignien des österr. Kaisertums, der Schatz des Ordens vom Goldenen Vlies und wertvolle Schmuckstücke aus burgundischem und habsburgischem Besitz, z. T. in Vitrinen aus der Zeit Maria Theresias. (www.khm.at)

Geymüllerschlössel s. S. 178 (www.mak.at)

Globenmuseum (Herrengasse 9, I C4): Mit seinen Erd- und Himmelsgloben aus fünf Jahrhunderten und wissenschaftlichen Instrumenten der historischen Kartographie und Himmelskunde gilt dieses Museum als das einzige dieser Art weltweit; es untersteht der Österreichischen Nationalbibliothek. Im selben Palais (zum Bau s. S. 102) befinden sich auch noch das **Esperantomuseum**, eine Sammlung für Plansprachen, und die **Musiksammlung** der Österreichischen Nationalbibliothek. (www.onb.ac.at)

Heeresgeschichtliches Museum s. Arsenal, S. 147 (www.hgm.at)

Hermesvilla s. S. 139

Hofjagd- und Rüstkammer (Neue Burg, s. Hofburg-Plan, S. 48): Die Exponate – fürstliche Harnische, Prunk-, Jagd- und Sportwaffen – reichen vom 5. bis zum 20. Jh. (www.khm.at)

Hofmobiliendepot Möbel Museum Wien (Andreasgasse 7, III A5): Das Museum ging aus einem Depot hervor, das Maria Theresia 1747 gründete. Gezeigt wird Möbel- und Wohnkultur aus drei Jahrhunderten, darunter die größte Biedermeiersammlung der Welt und Möbel und Gebrauchsgegenstände der Wiener Moderne, u. a. von Hoffmann, Loos und Wagner. (www.hofmobiliendepot.at)

HundertwasserMuseum s. Kunst Haus Wien

Jüdisches Museum der Stadt Wien (Dorotheergasse 11, I C4): Im ehem. Palais Eskeles werden Dokumente zur jüdischen Geschichte, Kultur und Religion gezeigt, darunter Restbestände des ersten jüdischen Museums von 1895. Eine Außenstelle befindet sich im Misrachi-Haus am Judenplatz (s. S. 90). (www.jmw.at)

Kapuzinergruft s. Kapuzinerkirche, S. 60 (www.kapuzinergruft.com)

Klangmuseum im Haus der Musik (Seilerstätte 30, I C5): Das Haus ist der Musik und ihrem Erleben gewidmet. So finden sich hier das Archiv der Wiener Philharmoniker, Schau- und Klangräume für berühmte österr. Komponisten, Rieseninstrumente, interaktive Multimediakunst, Geräuschkulissen und ein Wahrnehmungslabor. (www.hausdermusik.com)

Klimt Villa (Feldmühlgasse 11): In der Villa wurde das letzte Atelier Gustav Klimts von 1911–18 rekonstruiert. (www.klimtvilla.at)

Kunst Haus Wien (II E4): Friedensreich Hundertwasser gestaltete ab 1989 die Möbelfabrik Thonet aus dem Jahr 1892 zu einem Museum um. Neben Ausstellungen internationaler moderner Kunst wird ein Überblick über das Gesamtwerk Hundertwassers gegeben. (www.kunsthauswien.com)

◆ **Kunsthistorisches Museum** (KHM; I B5–C5): Der für die kaiserliche Sammlung errichtete Bau (s. auch S. 120) beherbergt die Gemäldegalerie, die Kunstkammer, die Ägyptisch-Orientalische Sammlung, Teile der Antikensammlung und das Münzkabinett. Weitere Teile der zum KHM gehörenden Sammlungen werden in der Hofburg, im Schloss Schönbrunn und im Schloss Ambras bei Innsbruck präsentiert. Der als Kunsttempel überaus prächtig ausgestattete Bau mit Vestibül, Stiegenhaus und Kuppelhalle im Empfangsbereich orientiert sich hierin am Treppenhaus des Palazzo Reale in Caserta. Die Decke des Stiegenhauses schmückt die *Apotheose der bildenden Kunst mit berühmten Malern und ihren Modellen* von Michael Munkáczy (1890). Die zwölf Lünettenbilder stammen von Hans Makart, die Zwickelbilder von Gustav Klimt und Franz von Matsch. Auf dem Treppenabsatz ist die Skulpturengruppe *Theseus besiegt den Kentauren* von Antonio Canova aufgestellt, die ursprünglich für den Theseustempel im Volksgarten erworben worden war. Die Dekoration der Ausstellungsräume ist v. a. im Hochparterre in der Ornamentierung und den vereinzelt vorhandenen Deckengemälden den Exponaten angepasst, darunter u. a. auch genaue Kopien nach altägyptischen Wandmalereien. Die Ägyptisch-Orientalische Sammlung, die Antikensammlung und die aus den Kunstkammern der habsburgischen Kaiser und Erzherzöge entstandene Kunstkammer, die bedeutendste weltweit, sind im Hochparterre untergebracht, im 1. OG ist die Gemäldegalerie zu finden, im 2. OG das Münzkabinett. Die berühmte Gemäldegalerie mit über 800 Bildern ist v. a. der Sammlungstätigkeit Kaiser Rudolfs II. und Erzherzog Leopold

Wilhelms zu verdanken. Sie bewahrt umfangreiche Bestände der altniederländ. und der altdt. Malerei, der ital. Renaissance und des holländ., fläm., span. und ital. Barock, darunter u. a. einen Großteil der Werke Pieter Bruegels d. Ä. und eine umfangreiche Rubenssammlung. Das Münzkabinett, ebenfalls eines der bedeutendsten weltweit, zeigt die Entwicklung des Geldwesens, Naturgeld, Münzen und Medaillen. Dem KHM angeschlossen sind das Ephesosmuseum (Neue Burg), die Hofjagd- und Rüstkammer (Neue Burg), die Geistliche und Weltliche Schatzkammer (Hofburg, Schweizerhof), die Sammlung alter Musikinstrumente (Neue Burg), das Österreichische Theatermuseum (Lobkowitzplatz) und die Wagenburg (Schloss Schönbrunn). (www.khm.at)

Leopold Museum (MuseumsQuartier, I B5): Das aus der Sammlungstätigkeit von Rudolf und Elisabeth Leopold hervorgegangene Museum besitzt die weltgrößte Sammlung von Werken Egon Schieles. Weitere Schwerpunkte sind Wien um 1900 und die frühe österr. Moderne bis zur Zwischenkriegszeit. Zum Bau s. S. 121. (www.leopoldmuseum.org)

MAK – Museum für Angewandte Kunst (I D4): Bei seiner Eröffnung 1871 war das Österreichische Museum für Kunst und Industrie das erste Kunstgewerbemuseum auf dem Kontinent (zum Bau s. S. 110). Sein Sammlungsgebiet umfasst Handschriften, Ornamentstiche und Druckwerke, Metall und Schmuck, Holz und Möbel, Glas und Keramik, Textilien und Teppiche, Ostasiatika und islamische Kunst, Architekturmodelle des 20. Jh.s und Gegenwartskunst, darunter finden sich zahlreiche Objekte der Wiener Werkstätte, von Adolf Loos und Wiener Bugholzmöbel. Darüber hinaus weist das MAK eine rege Ausstellungstätigkeit auf. Zu den Außenstellen des Museums gehören das Geymüllerschlössel (s. S. 178), der MAK-Tower (Gegenwartskunstdepot Gefechtsturm Arenbergpark), das Josef-Hoffmann-Museum in Pirnitz (Brtnice) und das

MAK Center for Art and Architecture in Los Angeles. (www.mak.at)

Museum für Bestattungswesen (auf dem Zentralfriedhof, S. 156): Seit 1967 geben hier über 1000 Objekte einen Einblick in die Geschichte des Totenkults und der Bestattungsrituale unter besonderer Berücksichtigung Wiens. (www.bestattungsmuseum.at)

Museum Moderner Kunst Stiftung Ludwig Wien (MuseumsQuartier, I B5): Das MUMOK präsentiert neben Ausstellungen moderner Kunst einen umfassenden Überblick über die Kunst von Pop Art, Fluxus, Nouveau Réalisme und Wiener Aktionismus bis zur Medienkunst der letzten Jahre. Zum Bau s. S. 121. (www.mumok.at)

Museum im Schottenstift (Freyung 6, I C4): Den Kern der Sammlung bilden die Gemälde, die um 1725 zur Aussschmückung der neuen Prälatur unter Abt Carl Fetzer erworben wurden, aber auch Objekte aus dem Stift inkorporierter Pfarrkirchen und einzelne Stiftungen. Den Höhepunkt stellt der Wiener Schottenaltar dar, ein spätgotisches Meisterwerk aus der Zeit ab 1469–80 mit wirklichkeitsgetreuen Ansichten des damaligen Wien. Zum Bau s. S. 97. (www.schotten.wien/stift/museum)

Naturhistorisches Museum (I B4): Für den Kunstinteressierten sind das Plafondbild *Kreislauf des Lebens* im Treppenhaus von Hans Canon (1882–85), Gräberfunde aus Hallstatt und v. a. die *Venus von Willendorf*, ein etwa 25 000 v. Chr. entstandenes steinzeitliches Fruchtbarkeitsidol, von besonderer Bedeutung. Zum Bau s. S. 120. (www.nhm-wien.ac.at)

Österreichisches Filmmuseum (Augustinerstr. 1, I C4): Die Sammlung bietet mit einer großen Anzahl alter Filme Einblick in die Geschichte des Films. (www.filmmuseum.at)

Palais Epstein (Dr. Karl-Renner-Ring 1, I B4): Der von Theophil von Hansen errichtete historistische Bau, einst

Wohn- und Geschäftshaus der Bankiersfamilie Epstein, kann im Rahmen von Führungen besichtigt werden. Zu sehen sind ein Tanzsaal mit reich verzierter Decke, ein Rauchsalon und ein Damen-Boudoir, dazu Funde aus den Phasen, als die NS-Reichsstatthalterei und anschließend die sowjetische Stadtkommandantur hier ihren Sitz hatten. (www.parlament.gv.at)

Papyrusmuseum (Neue Burg, s. Hofburg-Plan, S. 48): Neben Sonderausstellungen werden etwa 200 Schriftstücke aus Ägypten von der Pharaonen- bis zur Völkerwanderungszeit gezeigt. (www.onb.ac.at/museen/papyrusmuseum)

Im **Porzellanmuseum im Augarten** (Obere Augartenstr. 1, II D2) wird die Geschichte des Porzellans und der Porzellanherstellung in Wien vorgestellt. Zur Anlage s. S. 185. (www.augarten.com/de/content/museum.html)

Römermuseum (Hoher Markt 3, I C4): Präsentiert werden Reste von Offiziershäusern des Legionslagers Vindobona und Objekte aus der römischen Vergangenheit Wiens. Auch auf dem Michaelerplatz und auf dem Platz Am Hof haben sich römische Baureste erhalten. (www.wienmuseum.at)

Sammlung alter Musikinstrumente (Neue Burg, s. Hofburg-Plan, S. 48): Sehenswert ist v. a. die weltweit einmalige Fülle an Renaissance- und Barockinstrumenten. (www.khm.at)

Schatzkammer s. Geistliche und Weltliche Schatzkammer, S. 194

Schatzkammer des Deutschen Ordens s. Deutschordenskirche, S. 70 (www.deutscher-orden.at)

Secession (Friedrichstr. 12, I C5): Neben Wechselausstellungen ist hier der *Beethovenfries* von Gustav Klimt zu besichtigen (zum Bau s. S. 117). (www.secession.at)

Sigmund-Freud-Museum s. Sigmund-Freud-Haus, S. 172 (www.freud-museum.at)

Silberkammer s. Hofburg, S. 53

Sisi Museum s. Hofburg, S. 53

Stadtpalais Liechtenstein s. S. 107 (Infos & Buchung unter info@palaisliechtenstein.com)

Theatermuseum (Lobkowitzplatz 2, I C4): Neben Handzeichnungen, Bühnenbildern, Kostümentwürfen und Künstlerporträts enthält die Sammlung (eine der größten der Welt) auch zahlreiche Bühnenmodelle, Kostüme, Fotografien, Autographen und Nachlässe bedeutender Bühnenkünstler. Zum Bau s. S. 58. (www.theatermuseum.at)

Uhrenmuseum (Schulhof 2, I C4): Im barocken Palais Obizzi befindet sich eine der weltweit größten Uhrensammlungen. Unter den über 3000 Exponaten finden sich Beispiele von gotischen Turmuhren, auch von St. Stephan, Taschen- und Pendeluhren, Wagen- und Reiseuhren, Spieluhren und Automaten von der Renaissance über den Historismus bis heute. (www.wienmuseum.at)

Volkskundemuseum Wien (II B3/4): Das der Kultur des Alltags gewidmete Museum zeigt v. a. Exponate des 17. bis 19. Jh.s. (www.volkskundemuseum.at)

Wagenburg s. Schloss Schönbrunn, S. 136

Wagner: Werk Museum Postsparkasse s. Postsparkassenamt, S. 79 (www.ottowagner.com)

Weltmuseum Wien (Neue Burg, s. Hofburg-Plan, S. 48): Die dem KHM angeschlossene Sammlung gehört zu den führenden ethnologischen Museen weltweit. (www.weltmuseumwien.at)

Wien Museum (I C5): In einem Bau von Oswald Haerdtl (1954–59; 2020–23 renoviert und aufgestockt) widmet sich das ehem. Historische Museum der Stadt Wien der Kunst und Geschichte Wiens – mit Exponaten von der Jungsteinzeit bis in die Gegenwart. Zahlreiche weitere Museen, Schausammlungen und Gedenkstätten sind angeschlossen: Musikerwohnungen von Joseph Haydn, Ludwig van Beethoven, Wolfgang Amadeus Mozart, Franz Schubert und Johann Strauß, die Hermesvilla, die Stadtbahnpavillons Otto Wagners am Karlsplatz und für den Hof in Schönbrunn, das Pratermuseum, die Neidhartfresken, das Römermuseum, die Grabungsareale am Michaelerplatz und Am Hof und die Virgilkapelle. (www.wienmuseum.at)

ZOOM Kindermuseum (MuseumsQuartier, I B5): Neben unterschiedlichen Experimentierwerkstätten führt das Museum Kinder auf spielerische Weise in die Welt der Kunst und des Trickfilms ein. (www.kindermuseum.at)

Anhang

A
B
C
1
2
3
4
5
Felix-Mott-Str.
Richard-Kralik-Platz
Klosehof
Währinger Park
NUSSDORFER STRASSE
Döbl. Gürtel
Heiligenst. Str.
Fernheizwerk Spittelau
Pappenheimgasse
Jägerstr.
Cottagegasse
Weimarer Str.
straße
Sternwartestr.
Gymnasium-
XVIII. Währing
Semperstr.
Währinger-Gürtel
Lustkandlgasse
Nußdorfer Straße
Liechtensteinstr.
Zaha-Hadid-Haus
Donaukanal
Brigittenauer
Treustraße
Klosterneuburger
Wallenstein
ehem. Liechtenst. Brauhaus
Lichtentaler-kirche
Marktg.
FRANZ-JOSEFS-BAHNHOF
FRIEDENS-BRÜCKE
Str.
Jägerstr.
Gaußplatz
Genzgasse
Währinger Str.
Säuleng.
WÄHRINGER STR./VOLKSOPER
Neues Sommerpalais Liechtenstein
Roßauer Lände
Lände
Schul-gasse
Kutschkerg.
Schopenhauerstr.
Martin-str.
221
Volksoper
Alserbach-
Liechten-stein-Park
Jüdischer Friedhof
Seegasse
Santa Maria de Mercede
Liechten-
Porzellang.
Pramergasse
Obere
Antonigasse
Gürtel
MICHELBEUERN
W.-Exner-G.
Währinger
IX. Alsergrund
Gartenpalais Liechtenstein
Grünentorgasse
ROSSAUER LÄNDE
Theresieng.
Währinger
Senseng.
Josephinum
Sig.-Freud-Haus
Servitenkirche
Berggasse
Spitalgasse
gasse
Altes Allgemeines Krankenhaus (Univ.-Campus)
Str.
steinstr.
Türkenstr.
Roßauer Kaserne
Lazarett-gasse
Palais Festetics
SCHOTTEN-RING
ALSERSTR.
Marianneng.
siehe KARTE I
Hernalser Gürtel
Alser Str.
Alser Straße
Blindengasse
gasse
Museum für Volkskunde
Lange Gasse
SCHOTTENTOR
Laudongasse
Wachsamkeitsbrunnen
Florianig.
I. Innere Stadt
JOSEFSTÄDTER STR.
Piaristenkirche
Gartenpalais Damian
RATHAUS
Burgtheater
Josefstädter Str.
Pfeilgasse
Albert-
Theater in der Josefstadt
HERRENGASSE
STEPHANSPLATZ
Kaiser-str.
Lerchenfelder Str.
VIII. Josefstadt
LERCHENFELDER STRASSE
Hofburg
Altlerchenfelder Kirche
Neustiftgasse
Mietshäuser Döblergasse
VOLKSTHEATER
Neue Burg
Schottenfeldg.
Zieglergasse
Burggasse
Neubaug.
Kircheng.
VII. Neubau
Museumsquartier
Kandlgasse
BABENBERGERSTR.
Westbahnstr.
Schottenfelder Kirche
Seidengasse

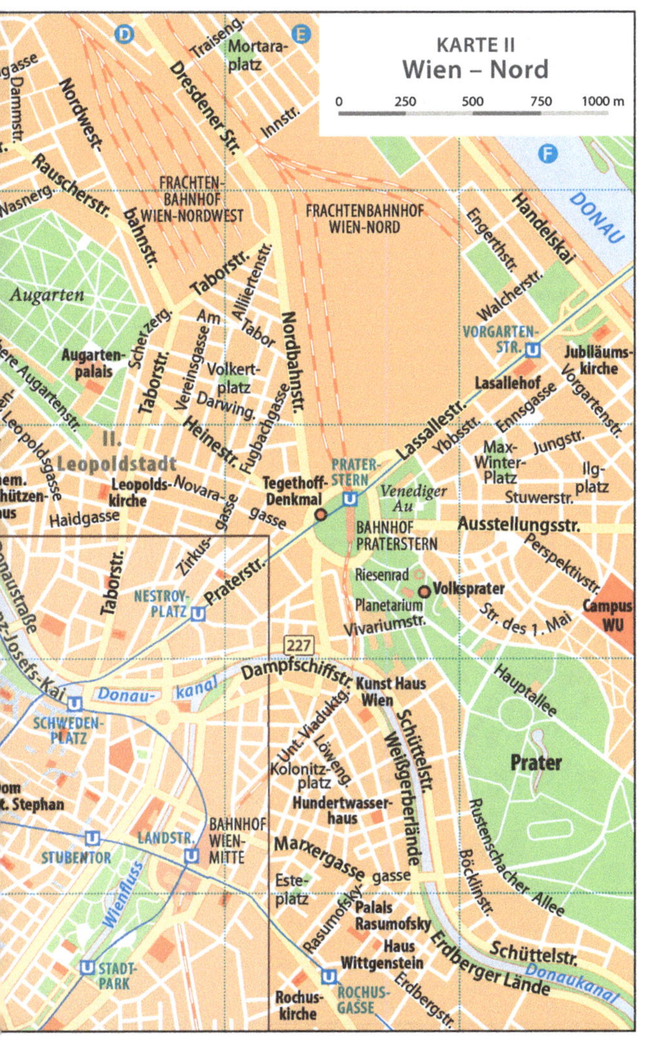
KARTE II
Wien – Nord
0 250 500 750 1000 m
Mortara-platz
Traiseng.
Dresdener Str.
Nordwest-bahnstr.
Dammstr.
Rauscherstr.
Wasnerg.
Innstr.
FRACHTENBAHNHOF WIEN-NORDWEST
FRACHTENBAHNHOF WIEN-NORD
DONAU
Handelskai
Engerthstr.
Walcherstr.
Augarten
Augarten-palais
Taborstr.
Alliiertenstr.
Am Tabor
Nordbahnstr.
Scherzerg.
Vereinsgasse
Volkert-platz
Darwing.
Heinestr.
Fugbachgasse
VORGARTEN-STR.
Jubiläums-kirche
Vorgartenstr.
Lasallehof
Lassallestr.
Ennsgasse
Ybbsstr.
Max-Winter-Platz
Jungstr.
Ilg-platz
Stuwerstr.
Obere Augartenstr.
Leopoldsgasse
II. Leopoldstadt
Leopolds-kirche
Novaragasse
Haidgasse
Tegethoff-Denkmal
PRATER-STERN
Venediger Au
BAHNHOF PRATERSTERN
Ausstellungsstr.
Perspektivstr.
Zirkusgasse
Praterstr.
Riesenrad
Volksprater
Planetarium
Vivariumstr.
Str. des 1. Mai
Campus WU
Taborstr.
NESTROY-PLATZ
227
Dampfschiffstr.
Kunst Haus Wien
Hauptallee
Donaukanal
SCHWEDEN-PLATZ
Unt. Viaduktg.
Löweng.
Kolonitz-platz
Schüttelstr.
Weißgerberlände
Prater
Hundertwasser-haus
St. Stephan
BAHNHOF WIEN-MITTE
LANDSTR.
STUBENTOR
Wienfluss
Marxergasse
Este-platz
Rasumofskygasse
Palais Rasumofsky
Haus Wittgenstein
Rustenschacher Allee
Böcklinstr.
Schüttelstr.
Erdberger Lände
Donaukanal
STADT-PARK
Rochus-kirche
ROCHUS-GASSE
Erdbergstr.

KARTE III
Wien – Süd

0 250 500 750 1000 m

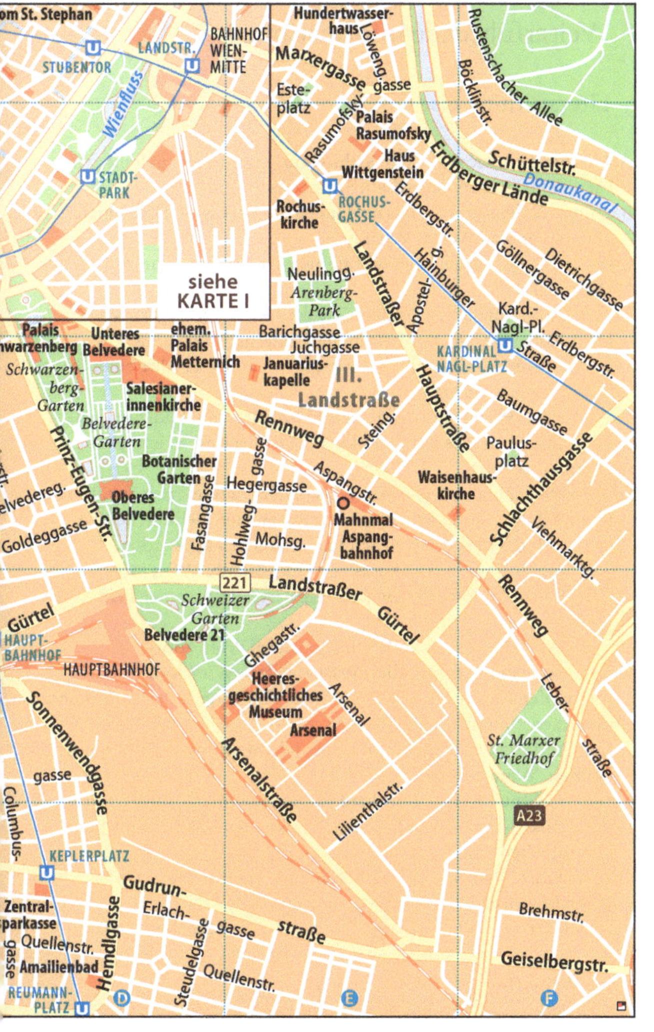
om St. Stephan
STUBENTOR
LANDSTR.
BAHNHOF WIEN-MITTE
Wienfluss
STADT-PARK
siehe KARTE I
Hundertwasser-haus
Löweng.
Marxergasse
gasse
Este-platz
Rasumofsky-
Palais Rasumofsky
Haus Wittgenstein
Rustenschacher Allee
Böcklinstr.
Schüttelstr.
Donaukanal
Erdberger Lände
Rochus-kirche
ROCHUS-GASSE
Erdbergstr.
Landstraßer
Apostel-g.
Hainburger
Göllnergasse
Dietrichgasse
Kard.-Nagl-Pl.
Straße
Erdbergstr.
Neulingg.
Arenberg-Park
Barichgasse
Juchgasse
Palais
Unteres Belvedere
ehem. Palais Metternich
Januarius-kapelle
III. Landstraße
Hauptstraße
KARDINAL NAGL-PLATZ
Baumgasse
Schwarzenberg
Schwarzen-berg-Garten
Salesianer-innenkirche
Belvedere-Garten
Rennweg
Steing.
Paulus-platz
Schlachthausgasse
Prinz-Eugen-Str.
Botanischer Garten
Fasangasse
Hegergasse
gasse
Aspangstr.
Waisenhaus-kirche
Viehmarktg.
Belvedereg.
Oberes Belvedere
Goldeggasse
Hohlweg-
Mohsg.
Mahnmal Aspang-bahnhof
221
Landstraßer Gürtel
Rennweg
Gürtel
HAUPT-BAHNHOF
HAUPTBAHNHOF
Schweizer Garten
Belvedere 21
Ghegastr.
Heeres-geschichtliches Museum
Arsenal
Arsenal
Leber-straße
Sonnenwendgasse
gasse
St. Marxer Friedhof
Arsenalstraße
Lilienthalstr.
A23
Columbus-gasse
KEPLERPLATZ
Gudrun-straße
Erlach-gasse
Zentral-sparkasse
Quellenstr.
Amalienbad
Hemdlgasse
Steudelgasse
Quellenstr.
Brehmstr.
Geiselbergstr.
REUMANN-PLATZ
D
E
F

Weiterführende Informationen

Literaturhinweise

Achleitner, Friedrich: Wiener Architektur. Zwischen typologischem Fatalismus und semantischem Schlamassel. Wien 1996.

Baudion, Wolfgang J.: Steinerne Zeugen des Glaubens. Die heiligen Stätten der Stadt Wien. Wien 1998.

Blau, Eve: Rotes Wien. Architektur 1919–1934. Stadt – Raum – Politik. Wien 2014.

Brandstätter, Christian / Daniela Gregori / Rainer Metzger: Wien 1900. Kunst Design Architektur der Moderne. Wien 2018.

Csendes, Peter / Ferdinand Opll (Hrsg.): Wien. Geschichte einer Stadt. 3 Bde. Wien 2001–05.

Czeike, Felix: Wien. Geschichte in Bilddokumenten. München 1984.

Dehio-Handbuch. Die Kunstdenkmäler Österreichs: Wien. 3 Bde. Wien 1993–2007.

Geschichte der bildenden Kunst in Österreich. 6 Bde. Hrsg. von Herrmann Fillitz, Günter Brucher, Artur Rosenauer, Hellmut Lorenz, Gerbert Frodl und Wieland Schmied. München 1998–2003.

Grimschitz, Bruno: Johann Lucas von Hildebrandt. Wien 1959.

Haider, Edgar: Verlorenes Wien. Adelspaläste vergangener Tage. Wien 1984.

Iby, Elfriede / Alexander Koller: Schönbrunn. Wien 2000.

Kraus, Wolfgang / Peter Müller: Wiener Palais. Wien 1991.

Legatt-Hofer, Renate (Hrsg.): Die Wiener Hofburg: sechs Jahrhunderte Machtzentrum in Europa. Wien 2018.

Lehne, Andreas / Gabriele Roithner: Wiens Stadtjuwelen im Wandel der Zeit. Wien 2015.

Lorenz, Hellmut: Johann Bernhard Fischer von Erlach. Zürich 1992.

Nemetschke, Nina / Georg J. Kugler: Lexikon der Wiener Kunst und Kultur. Wien 1990.

Otto Wagner. Hrsg. von Andreas Nierhaus und Eva-Maria Orosz, Wien Museum. Wien 2018.

Pippal, Martina: Kleine Kunstgeschichte Wiens. München 2000.

Polleroß, Friedrich B.: Fischer von Erlach und die Wiener Barocktradition. Wien 1995.
Sarnitz, August: Wien – Neue Architektur 1975–2005. Wien 2003.
– Architektur Wien. 700 Bauten. Wien 2008.
Schedl, Barbara: St. Stephan in Wien. Der Bau der gotischen Kirche (1200–1500). Wien 2018.
Sedlmayr, Hans: Johann Bernhard Fischer von Erlach. München 1956. [Neuaufl. Stuttgart 1997.]
– Die Schauseite der Karlskirche in Wien. In: Epochen und Werke. Gesammelte Schriften zur Kunstgeschichte. 2 Bde. Wien 1960. S. 174–187.
Toman, Rolf (Hrsg.): Wien. Kunst und Architektur. [o. O.] 2008.
Traum und Wirklichkeit – Wien 1870–1930. Ausstellung Künstlerhaus. Wien 1985.
Wagner-Rieger, Renate: Wiens Architektur im 19. Jahrhundert. Wien 1970.
Wehdorn, Manfred: Wien/Vienna. Das historische Zentrum: Weltkulturerbe der UNESCO. Eine Dokumentation. Wien 2004.
Zykan, Marlene: Der Stephansdom. Wien 1981.

Internetseiten

Homepage der Stadt: www.wien.info; www.wien.gv.at; www.vienna.at
Stadtrundgänge: www.wienguide.at
Museen: www.wien.gv.at/ma53/museen
Kirchen: www.stadt-wien.at/wien/kirchen
Architektur: www.wienarchitektur.at; www.azw.at; www.planet-vienna.com
Theater, Oper, Film, Jazz: www.bundestheater.at; www.donauinselfest.at; www.festwochen.at; www.oeticket.com; www.viennajazz.org; www.viennale.at; www.viennaticketoffice.com; www.wienmodern.at; www.wien-ticket.at
Busse und Bahnen: www.wienerlinien.at

Nachweis der Karten und Abbildungen

Achim Bednorz: 33; akg-images / János Kalmár: 80; Art Directors & TRIP / Alamy: 177; Günter Baumann: 6, 133, 155; Imago/Viennaslide: 187; Klaus Kühner, Hüttenwerke: Karten in den Umschlagklappen, 25, 48 f., 204–207; shutterstock.com / Kristian Schark: 2/3; Wikimedia Commons: 12 (Mozarthaus Vienna), 14 (TUBS), 67 (Arcomonte26), 85 (Erich Schmid), 112 (Marcus Winter, Potsdam), 127, 142 (Thomas Ledl), 181 (Dreizung)

Register

Zur Autorin

HILDEGARD KRETSCHMER hat in ihrer Heimat Salzburg Kunstgeschichte studiert. Nach ihrer Promotion war sie einige Jahre als Dozentin an den Universitäten München und Salzburg tätig. Sie unterrichtete an den Schulen für Holz und Gestaltung in Garmisch-Partenkirchen. Zu ihren Buchveröffentlichungen zählen u.a. die bei Reclam erschienenen Bände *Städteführer Salzburg*, *Lexikon der Symbole und Attribute in der Kunst* und *Die Architektur der Moderne*.